龍馬語録

自由闊達に生きる

木村幸比古
KIMURA SACHIHIKO

PHP

高知・桂浜に立つ龍馬像

世の人はわれをなにともゆはゞいへ
わがなすことはわれのみぞしる

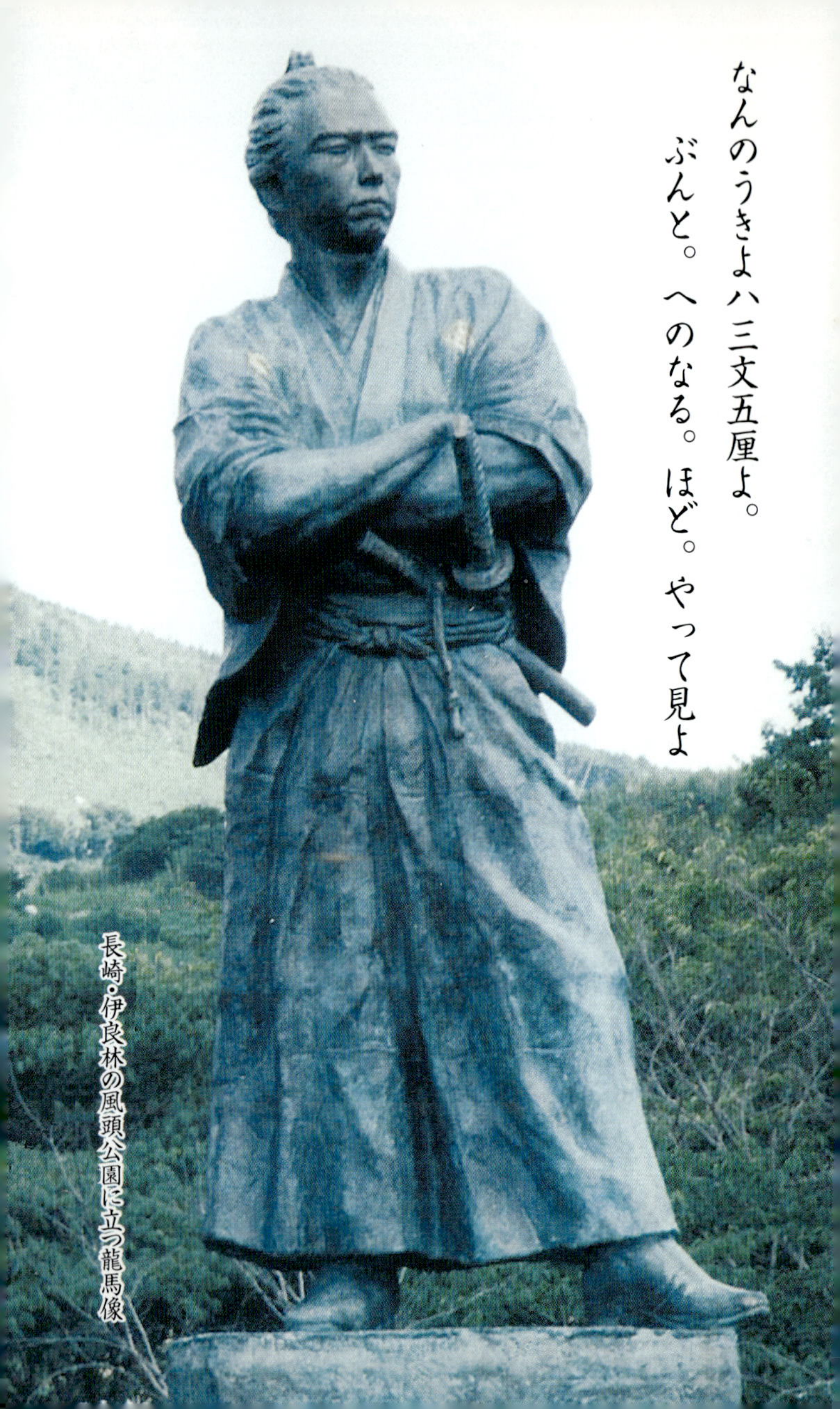
なんのうきよ八三文五厘よ。
ぶんと。へのなる。ほど。やって見よ

長崎・伊良林の風頭公園に立つ龍馬像

龍馬語録

目次

昭憲皇太后に献上された龍馬の写真

自分流――とがって生きよ

丸くとも一かどあれや人心
あまりまろきはころびやすきぞ

（丸く穏やかな気性でも、どこかとがった部分をもっていよ。あまり丸くなりすぎると個性がなくなってしまい、人になびいてしまうから）

龍馬は天保六年（一八三五）に土佐郷士《ごうし》坂本八平《やへい》の次男として生をうけた。生まれ育った土佐藩は、非常に身分制度が厳しい国柄であった。龍馬のような身分の低い郷士は型にしばられて窮屈に暮らさなければならない。放れ馬《こま》のような龍馬の性格ではなおさらであろう。

郷士という身分は、武士にして農業に従事し、また農民でありながら武士の待遇を受ける存在であった。土佐の郷士は、藩祖の山内一豊《やまうちかずとよ》が入府した際に生まれた制度である。一万にもおよぶ旧領主の長宗我部《ちょうそかべ》の家臣すべてを取り立てることもできず、下士《かし》である郷士格を与えることになった。

山内の家臣らは上士《じょうし》と呼び、上士と下士は徹底的に区別された。上士は城内に居住することが許されたのに対し、下士は城郭外に追いやられ、半農や商人として生計を立てたが、一部の者を除いて極貧であった。

正月に登城《とじょう》する際も、上士は麻裃《あさかみしも》に袴で、絹の鼻緒の草履《ぞうり》が着用できたが、下士は紙子《かみこ》で土佐紙を巻いた鼻緒の草履しか許されなかった。ふだんでも雨の日に上士は番傘が使えたが、下士は簑《みの》であった。

何より、下士は上士に逆らうことは御法度であった。龍馬は幼少のころ、楠山庄助《くすやましょうすけ》塾に通ったが、上士の子供との喧嘩がもとで、一方的に退塾させられたことがあった。

土佐藩で郷士が生き抜くには、媚《こ》び諂《へつら》い何事も丸く収めなければならない。龍馬はこのような生き方では人間として大成はできない、丸い人生を送る者は、転びだすと止まらないと、自分流の生き方を求めた。

決意——戦で討ち取ってくる

父 八平宛て・嘉永六年（一八五三）九月二十三日

金子《きんす》御送り被仰付《おおせられにつき》、何よりの品に御座候《ござそうろう》。異国船処々に来《きた》り候由に候へば、軍《いくさ》も近き内と奉存候《ぞんじたてまつり》。其節《そのせつ》は異国《（ママ）》の首を打取り、帰国可仕候《つかまつりべく》

（お金をお送りいただき、何よりでございます。外国船がところどころにやってきていますので、近いうちに戦いがあると思います。そのときは外国人を討ち取って帰ります）

現存する龍馬の書状の中で最も古いもので、父八平宛てである。

父の強いすすめもあり、龍馬十九歳のとき、土佐藩へ十五カ月の国暇《くにいとま》を願い出て江戸剣術修行に出た。八平としては、かわいい子に旅をさせ、世の中の試練を踏ませたかったのだ

ろう。江戸へ旅立つ際、「修行中心得《こころえ》大意《たいい》」の訓戒書が父から龍馬に与えられた。

一、忠孝を忘れないで修行をつむこと。
一、諸道具に金を使わないこと。
一、女に心をうばわれ国家のこと忘れず、帰藩すること。

ここでいう国家は藩のことで、主君に対する滅私奉公を説いている。

冒頭の手紙は、訓戒とともに江戸に送りだされた龍馬のもとに父から金が届けられた返礼である。「お金に勝るものはない」と喜びを正直に伝えている。

この年、日本史を揺るがす大事件が起きていた。六月三日、浦賀沖にアメリカ東インド艦隊の軍艦四隻があらわれ、開国を迫ったのだ。手紙には「異国船処々」とあり、ペリー来航の一カ月後にプチャーチンのロシア艦隊が長崎に来航したということと思われる情報も伝えている。

幕府は各藩に沿岸警備を命じ、土佐藩は品川付近を担当する。龍馬もかりだされたが、黒船をみることはなかった。ペリーはフィルモア大統領の国書を久里浜《くりはま》で幕府に渡し、再来することを告げて去る。

龍馬は父に外国と戦争になる可能性を伝え、その際には夷人の首を取ってみせると攘夷《じょうい》論に燃えていた。黒船を通して外国を認識するようになっていた。父にすればたのもしいと感じたことだろう。龍馬が実際に黒船をみたのは半年後の安政元年（一八五四）のことで、土佐藩が築いた浜川の砲台の台場からだという。七隻の黒船の向こうには、アメリカという国があると夢を馳《は》せた。

ペリー

◇行動——自分のすることは自分だけが知っている

> 世の人はわれをなにともゆはゞいへ
> わがなすことはわれのみぞしる
>
> （世間の人は、俺のことをなんとでも言ってくれ。俺のすることは、俺だけが知っているのだから）

龍馬は文久二年（一八六二）一月十五日、長州藩きっての俊英の久坂玄瑞《くさかげんずい》と会談している。久坂は師の吉田松陰《よしだしょういん》が唱える「草莽崛起論《そうもうくっきろん》」をもって討幕を論じた。このころ土佐では武《たけ》市瑞山《ちずいざん》が土佐勤王党《とさきんのうとう》を結成し、藩論を一藩勤王に統一する運動に奔走《ほんそう》しており、同志の龍馬はその活動の一環で長州を訪れていた。

「草莽」とは、官職に就いていない在野の人のことで、その多くは脱藩し、尊王をかかげる志士となって政治勢力をつくった。

龍馬はこの「草莽」に共感を覚えた。松陰の教育法は同志と学ぶ「共育」であり、同志が仲間で共鳴し合う「響育」であったが、まさに龍馬の心に響いたのだろう。

松陰はその師であった佐久間象山《さくましょうざん》の言動を深く信じ、海外密航を企てた。西洋を批判する前に西洋を知る実践の学、つまり実学を信条としていたからである。密航に際し心境を次のように詠んだ。

世の人はよしあしごともいわばいえ
　賤《しず》が誠は神ぞ知るらん

(世間の人は良いも悪いも好きに言ってくれ。自分のような者にも誠があることは神だけが知っているだろう)

世間の者は、批判ばかりして、自ら行動しようとしない。私の密航についても批評するだろうが、私は気にしない。私の国を憂うる真心は、神のみぞ知るであろう。

龍馬は松陰のこの行動を称賛した。事の真実は実践した者しか判断できない。世間の戯言《ざれごと》など気にせず、正々堂々と大道を歩んでこそ天下国家を動かすことができると、龍馬は大股で幕末を駆け抜けた。

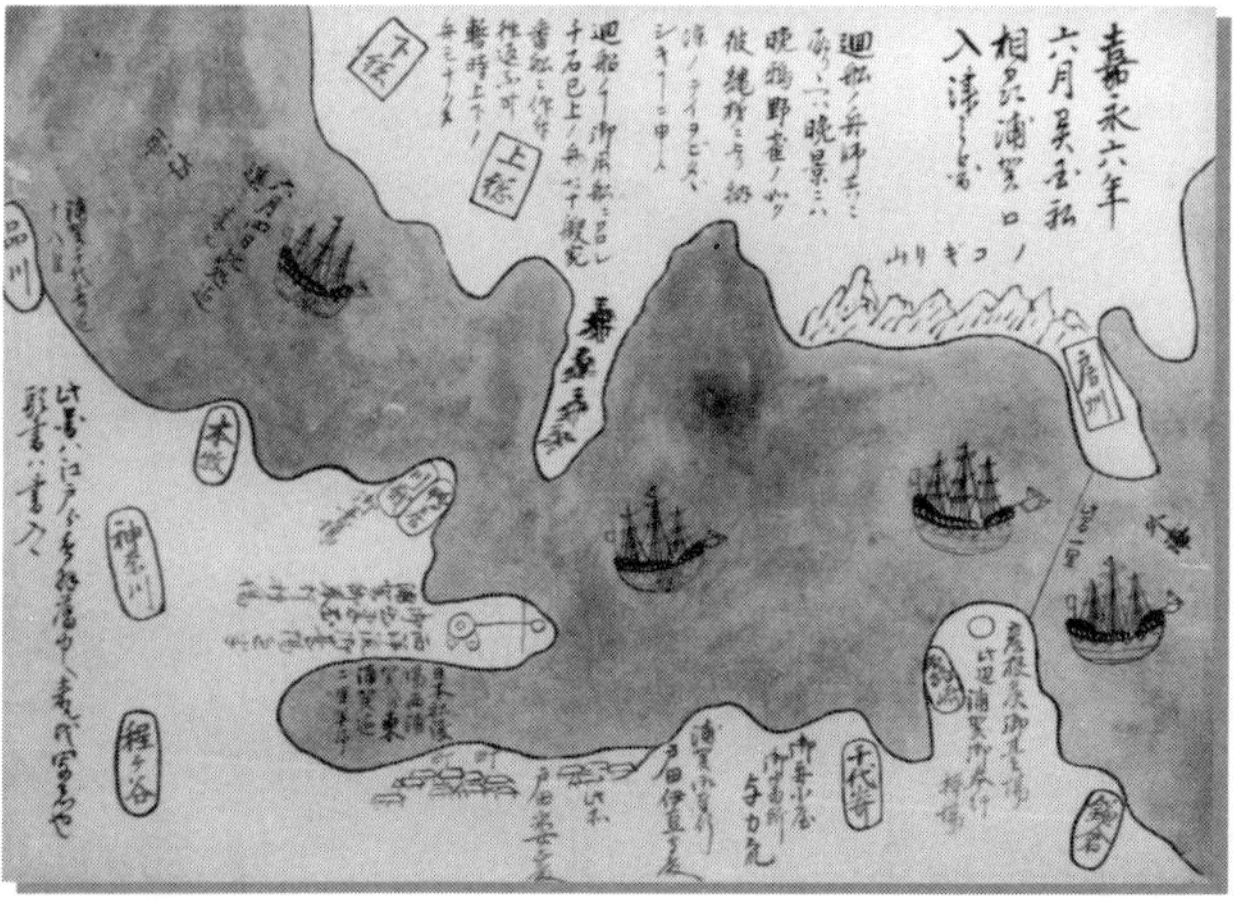

ペリー来航図

知行一致——人の心はころころ変わる

人心けふやきのふとかわる世に
独《ひとり》なげきのます鏡哉《かな》
（人の心が今日昨日とで変わるような世の中を、独り嘆いておりますわい）

誠実に生きたいと思いつつも、人はころころと心がわりする。信念がないと嘆いた一首である。龍馬はこの世に何かを残したいという気持ちが人一倍強い男であった。

龍馬の生家は本家が才谷《さいたに》家という商家で、仕送屋という現代でいうところの金融業を営んでいた。

幕末は士農工商という身分制度が崩壊しはじめていた時代である。身分の売買など土佐藩でも日常茶飯事、没落して郷士株を金銭で譲った者は地下《じげ》浪人と呼ばれ、逆に商いで儲けて郷士株を手に入れた商人は譲受郷士《ゆずりうけ》といった。この資格が許可されたのは、土佐藩では宝暦十三年（一七六三）であった。

郷士といえどもりっぱな武士である以上は、より武士らしくあることを望む。誠の心をもって行動すれば、天は決して見捨てない。誠は「言うことを成す」、つまり知行一致《ちぎょういっち》の精神である。一度言ったことを人の顔をみて言い改めるなど武士の風上にもおけない、と龍馬は嘆く。

幕末は政局多難で、幕府が外圧に屈したばかりか、武士までが動揺している。日本の行末を案じた一首であった。

井の中の蛙――天から授かった知を開かないといけない

土佐藩士 川原塚茂太郎宛て・文久三年(一八六三)八月十九日

土佐一国にて学問致し候得《そうらえ》バ、一国だけの論(に)いで(世界を)横行すれバ、又夫《それ》だけの目を開き、自ら天よりうけ得たる知を開かずバならぬとハ、今に耳ニ残《のこり》居《おり》申《もうし》候《そうろう》

(土佐一国で学べば、一国だけの論になってしまう。広い世界をみてそれだけ見聞を広め、天から授かった知を開かないといけないという言葉が、耳に残っている)

世の中の情勢はめまぐるしく変わっているのに、土佐は十年も二十年も遅れている。龍馬はそんな土佐を窮屈と感じていた。土佐勤王党の盟主である武市瑞山のことを、龍馬は「窮屈」と呼んでからかった。勤王党の他の同志も、大局的に物事をとらえることなどしない。

議論をしても、お国(土佐)意識が頭から離れない。藩にこだわりすぎである。
一方、武市は龍馬が脱藩した際、土佐に収まりきらぬ奴じゃと称賛し、詩歌を詠んだ。

肝胆元《かんたんもと》より雄大にして
奇機《きき》おのずから湧出《ゆうしゅつ》す
飛潜《ひせん》誰か識《し》る有らん
偏《ひとえ》に襲名に恥じず

(心の奥が広く、好機を自ら湧き出させている。脱藩することを誰が知れようか、決してこの行為は名に恥じるものではない)

龍馬としては目先のことだけの狭い視野しかない井の中の蛙にはなりたくない。「田舎の学問より京の昼寝」の諺がある通り、いっそ京に上り昼寝でもしている方が、世の中の移り変わりが手に取るようにわかるだろう。

土佐におれば土佐のことしかわからないが、世界を往来すれば、知性も教養も磨かれ、考えも変わるだろう。今まで耳目《じもく》の学で知り得た知識を無駄にしたくはない。日本のためには長州も土佐もなくてもいい、という長州の久坂玄瑞の言葉がつねに耳の中に残っている。だが、まわりは夢を砕くような現実の話ばかりして私の意見などに貸す耳をもたないようだ。ますますそんな土佐が嫌いになった。今は人と違った角度からものを見ることが最も大事だ。龍馬は家のことも気にはかけていたが、それより世界に翔《はばた》きたい思いが強かった。

さらに「勢ニよりてハ海外ニも渡り候事」と続き、ことのしだいでは海外に渡るともある。ぐずぐずして寝惚《ねぼ》けている暇《ひま》などはないと、龍馬は本気で訴えつづけた。

武市瑞山

久坂玄瑞

自立――道なき世に旅出よ

又あふと思ふ心をしるべにて
道なき世にも出づる旅かな
（また会うと思う気持ちを頼り、道なき世に旅出よう）

この一首は「伏見《ふしみ》より江戸へ旅立つとき」に詠んだとある。伏見には龍馬が定宿とした寺田屋がある。女将《おかみ》お登勢《とせ》は龍馬や妻・お龍《りょう》のめんどうをわが子のようにみた。寺田屋をお国にいるようなところ、土佐に帰ったような気分と伝えていた。

伏見は京都の南郊の地であったが、その趣は異なっていた。京都はいわば天皇の庭で、つまずく石にも千年の歴史がある。

一方、伏見は豊臣秀吉がつくった城下町である。江戸初頭に伏見城が廃止されてからは、大坂と京都の中継地として繁栄し、幕府の直轄都市となって寛文九年（一六六九）、伏見奉行体制ができた。幕末の伏見は北組十二組、南組九組からなり、人口も四万余人、造醬油屋仲間、本屋仲間をはじめ多くの仲間組織があり商業的にも栄えていた。伏見は「伏水」と書いたように伏流水があり伏見の銘酒がつくられたが、龍馬にすれば土佐の城下にどこか似ていたのだろうか。

市中には、伏見七ツ井と呼ばれる名水があり、石井《いわい》、常磐井《ときわい》、白菊井、春日井、苔清水《こけしみず》、竹中清水、田中清水が湧き出ていた。鳥羽伏見の戦いのときに薩摩軍本陣となった御香宮《ごこうのみや》には、石井が湧き出ており、別名「御香水」「姥水」と称し、全国名水の第一号の指定を受けた。

龍馬がこの地をはじめて訪れたのは、嘉永六年（一八五三）十九歳のときであった。いらい九度入洛しているので、その都度立ち寄ったことであろう。この歌を詠んだのは文久二年（一八六二）のこと。時に二十八歳。三月二十四日に脱藩したのち、六月十一日に大坂に着き、その後、伏見を経て江戸に向かっている。自らの夢に一歩でも近づこうと奔走していた。

脱藩とは、龍馬にとっては自立することだった。「道なき世にも出づる」と不安と野望に旅立ったのである。

こぼれ話①　川に入ればどうせ濡れる

幼少のころ、龍馬はまったく泳げなかった。土佐に生をうけて泳げないなど、その家の恥でもあった。母親がわりであった姉の乙女《おとめ》は、なんとしても龍馬の軟弱なところを鍛えあげたい。だが、肝心の龍馬は、一向にその気にはならない。仕方なく乙女は、城下を流れる鏡川《かがみがわ》に龍馬を無理やり連れて行き、水練の特訓をはじめた。

鏡川は上流を雁切《がんぎり》川、下流を潮江《うしおえ》川と呼び、城下を東西に流れて浦戸湾に注ぐ。元禄のころ、五代土佐藩主山内豊房《やまうちとよふさ》が「影を映すこと鏡のごとし」と評し命名されたという。

龍馬の生家からは、南へ三丁ばかり行くと鏡川に着く。姉乙女は月の瀬橋の南岸から、龍馬を川に放りなげた。龍馬のふんどしには荒縄がつけられ、それを竹ざおに結わえ、龍馬がおぼれそうになれば乙女が釣りあげた。この無謀な特訓の成果があってか、龍馬は泳げるようになったという。苦労して重ねたことしか身につかないものである。以来、龍馬は泳ぎが好きになり、鏡川に出かけるようになった。

そのころの、いかにも龍馬らしいエピソードが伝わっている。鏡川の常通寺島というあたりは深いが流れがゆるやかで、かっこうの水練場になっていた。だが、いつも上士の子供がその場所を占領しており、下士である郷士の子供らは、流れの速いところでしか泳げなかった。

ある日、その日は雨にもかかわらず、龍馬は一目散に鏡川に向かって走っていく。途中、龍馬の剣術の先生の日根野弁治《ひねのべんじ》が出会い、「こんな雨の日にどこへ行く」とたずねると、龍馬はうれしそうな顔で「泳ぎに行くのさ」と答えた。

日根野は不思議に思いつつ、「雨の日に泳がなくても天気の日に泳げ」と諭したところ、龍馬は平然として言う。「川に入ればどうせ濡れる。今日は誰も泳いでないので水練の稽古もよくできます」

龍馬の物事にとらわれないゼロからの発想を物語る逸話である。

死生観——自分は運が強い

姉乙女宛て・文久三年（一八六三）三月二十日

扠《さて》もく人間の一世《ひとよ》ハがてんの行《いか》ぬハ元《もと》よりの事、うんのわるいものハふろよりいでんとして、きんたまをつめわりて死ぬるものもあり。夫《それ》とくらべてハ私などハ、うんがつよくなにほど死ぬるバへで、もしなれず、じぶんでしのふと思ふても又いきねバならん事ニなり

（さてもさても人の一生はどうしようも納得がいかないことがあるものだが、運が悪い者は風呂から出ようとして睾丸をつぶして死ぬこともある。それと比べて自分は運が強くて、死にそうな場面に出くわしても死なず、さらには自分で死のうと思っても生きなければいけないものだ）

文久二年（一八六二）、龍馬は意を決し、二十八歳で土佐を脱藩した。自ら国家のために働きたいという男の野望がそこにあった。つねに夢を語り、着実に現実のものにしていく姿はまさに行動の美学である。

厳格なまでの身分制度から脱するということは、同時に藩意識を超え、日本としてとらえることである。「土佐の龍馬」が「日本の龍馬」となった。

だが脱藩行為は主君を見限るという大罪で、家禄没収や断絶、刑罰を科されることもしばしばあった。龍馬も脱藩にあたって、生死について感じるところが深かったのであろう。生と死は別の世界のものではなく、生の中に死がある。運、不運で生死の分かれ目が決まるという。その点、自分は強運の持ち主だと自負している。

というのは、脱藩の身でありながら幕臣勝海舟《かつかいしゅう》の弟子となり、命がつながったためである。勝は旧土佐藩主山内容堂《やまうちようどう》に脱藩赦免を申し入れてくれた。文久三年二月、龍馬は京都土佐藩邸での七日間の謹慎で無罪放免、「この世でオレほど運の強い男はない」と姉乙女に綴ったのがこの書状であった。龍馬流のユーモアたっぷりに、下品に「睾丸をつめて死ぬ奴に比べ、天はオレにもうひと働きせよといってくれた。なんて幸せな男とつくづく思う」と自慢げだった。自分には私利私欲がないから、天が見放さないと思っていたのだろう。

大正十五年「坂本龍馬関係文書」を編述した岩崎鏡川は、その巻頭に「坂本先生の一生は、波瀾重畳《はらんじゅうじょう》、舟筏《ふないかだ》を傚《やと》ふて急灘を降るが如く、奇観変幻、人をして応接に遑《いとま》あらざしめ」と、幾多の苦難も乗り越える姿を伝えている。龍馬は激動の幕末が生んだ寵児《ちょうじ》であった。

高知・檮原脱藩の道に立つ志士像（中央が龍馬）

師を選ぶ――日本で一番の先生

乙女宛て・文久三年（一八六三）三月二十日

日本第一の人物勝麟《かつりん》太郎《たろう》殿という人にでしになり、日々兼而《かねて》思付所をせいといいたしおり申候（麟）

（日本第一の人物である勝海舟先生という人の弟子になり、つねづね思い描いていたことに精を出して励んでおります）

龍馬が勝海舟にはじめて会ったのは、文久二年（一八六二）十月ごろだった。龍馬は二十八歳、海舟四十歳でともにヒツジ年である。このとき、龍馬は一介の浪人、海舟は幕府の軍艦奉行並。浪人が幕臣の弟子になるとは、理解しがたいところであろう。

二人の出会いは、小説などで劇的に描かれる。「開国を唱えるとんでもない幕臣だ」と、血気盛んに龍馬と千葉道場の倅《せがれ》重太郎とが斬りに行った。ところが、海舟から時勢を説かれ、逆に弟子になったという。

海舟は直心影流《じきしんかげりゅう》の剣客であったが、海舟流の放言で諭した。このころの龍馬は何かを求めていた時期だけに、海舟の世界観にのみこまれ、弟子入りを決意したというのである。

人間は人との出会いによって運命が変わることがしばしばある。そして、幸運の女神には前髪しかない。その機会をいかに運よくつかむかどうか、決断が大切である。物事を見極める先見力と決断力が人生を変える。なせば必ず成ることを、龍馬は信じた。

文久の頃の海舟は、海軍を充実させることに取り組む一方で、幕府と諸藩の公議による統一的な国家体制の建設を急務と考えていた。しかし幕府にその意識は薄く、むしろ孝明《こうめい》天皇の妹和宮《かずのみや》を将軍家茂《いえもち》に降嫁させる公武合体論《こうぶがったいろん》を推進していた。

一方、龍馬は海舟と出会う前に熊本の横井小楠《よこいしょうなん》を訪ね、単なる攘夷論では国は救えないと考え、開国論へと傾いていた。小楠の紹介で越前藩主松平春嶽《まつだいらしゅんがく》に会い、さらに海舟を紹介してもらって弟子になったという。筋道を通せば必ず道は開けるということを学んだ。

龍馬にしろ海舟にしろ幕府主導の政治に疑問を抱いた結果、二人の師弟関係は結ばれた。

神戸海軍操練所——海軍を学ぶ

乙女宛て・文久三年（一八六三）五月十七日

ちかきうちにハ大坂より十里あまりの地ニて、兵庫という所ニて、おゝきに海軍ををしへ候所をこしらへ、又四十間、五十間もある船をこしらへ、でしども二も四五百人も諸方よりあつまり候事

（ちかいうちに、大坂から四十キロメートルほどのところにある兵庫というところで、しっかりと海軍を教えてくれる施設を建設し、また七十〜九十メートルもあるような船をつくり、生徒が四、五百人も各地から集まります）

龍馬は勝の海軍構想に耳を奪われた。勝の「一大共有之海局」とは、西南雄藩を結集して、海軍局をつくろうという発想だ。龍馬の頭の中で夢はたちまち膨張する。四、五十間の大船

を建造し、海軍を志す練習生が四、五百人もすぐに集まった、と大風呂敷を広げて筆が走った。

勝は、龍馬らに構想を熱弁する。練習生の腕しだいで幕府の海軍生にすることが約束されている。この海軍は幕府のみの組織ではなく、日本人共有のものであり、志で国が守れるのだ。

龍馬らは同志と顔を見合わせて、今、自分たちが取り組んでいることは、日本を変える大きな仕事であると確信した。

神戸海軍操練所の設立は、文久三年（一八六三）四月、将軍家茂の許しを得た事業であった。その裏には、朝廷より再三にわたり畿内における海防の充実を迫られているという事情があった。

そこで勝は、この事業を推進させるために大坂湾の視察として四月下旬に将軍家茂を軍艦順動丸に乗り込ませて直談判《じかだんぱん》を行う。人を動かして事にあたるには、現状をみせるのに限る。さらに朝廷を動かすために、若手有力公卿姉小路公知《あねがこうじきんとも》にも視察させた。

勝は三国同盟の夢を龍馬に語った。「営所を兵庫（神戸）、対馬《つしま》に設け、其一を朝鮮に置き、終《つい》に支那に及ぼし、三国合従連衡《がっしょうれんこう》して西洋諸国に抗すべし」（「解難録」）

西欧の極東政策に対処しうる海防論であった。龍馬は、海軍の稽古が、西欧から日本を護ることにつながると使命感に燃えた。日本のおかれている逆境に好きな海軍の仕事で貢献できるという、至上の喜びがあった。

勝海舟

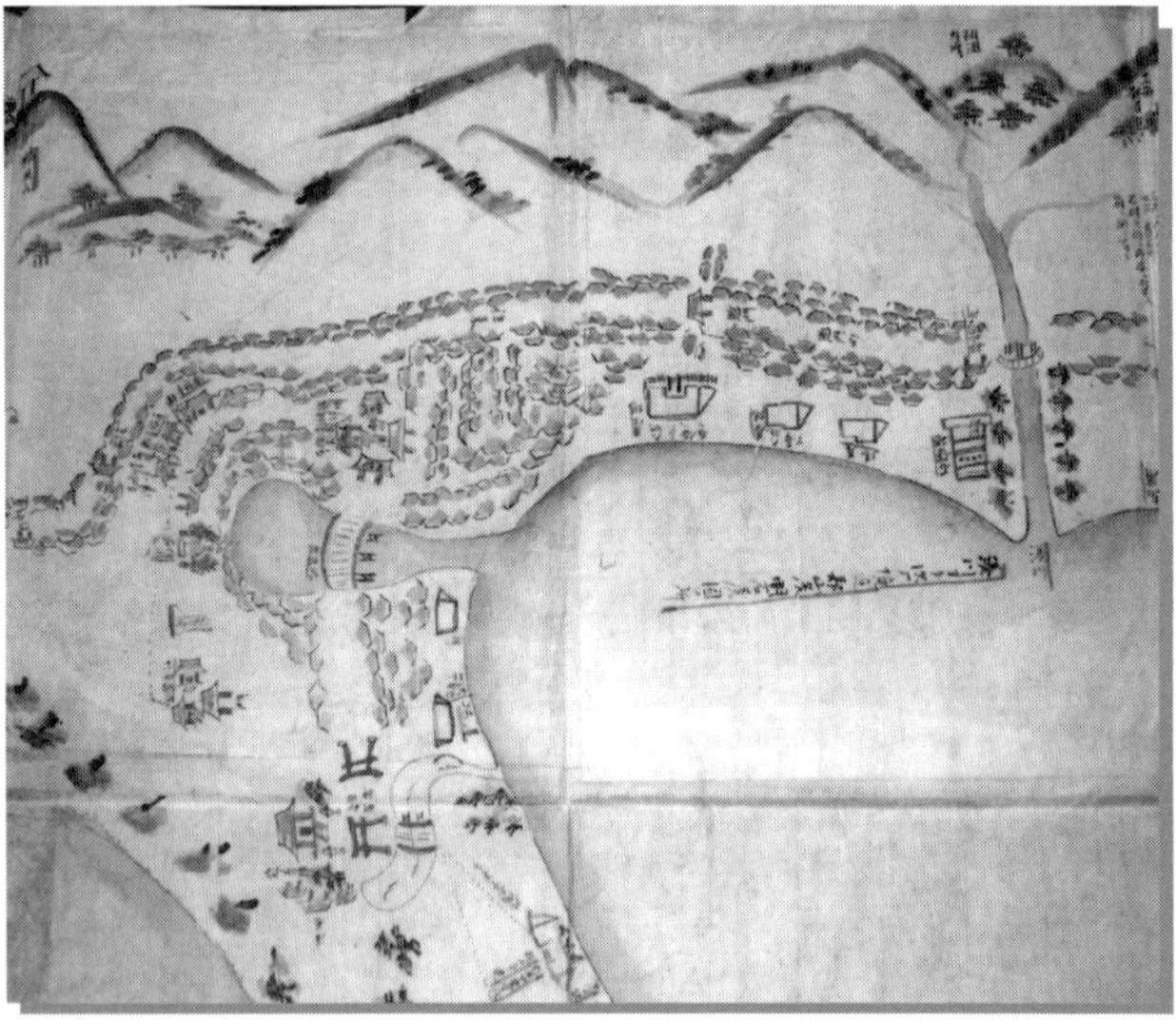

神戸海防図（文久三年ごろ）

同志と海軍に励む――蒸気船でそのうちに土佐にも参ります

乙女宛て・文久三年（一八六三）五月十七日

私初《はじめ》栄太郎なども其海軍所に稽古学問いたし、時々船乗のけいこもいたし、けいこ船の蒸気船《ジヨウキセン》をもって近々のうち、土佐の方へも参り申候

（私をはじめ甥の栄太郎もその海軍学校で学び、ときどき乗船訓練もしております。この練習用の蒸気船でそのうちに土佐にも参りますよ）

神戸海軍操練所は、現在の神戸小野浜にあり、広さは一万七千余坪もあった。勝は操練所の主任で、勘定奉行の津田近江守のち大坂西町奉行を務めた松平勘太郎が、会計と設計を受けもち、経費として年三千両が計上された。

書状の栄太郎は、龍馬の甥《おい》高松太郎のこと。そのほかに龍馬の同志である望月亀弥太《もちづきかめやた》、

沢村惣之丞《さわむらそうのじよう》、千屋寅之助《ちやとらのすけ》、近藤長次郎、新宮馬之助、伊達小次郎（陸奥宗光《むつむねみつ》）らがいた。四、五百人の弟子というのはまだ龍馬の大風呂敷であった。

勝は龍馬たちのようなやる気のある若者を、攘夷運動だけに終わらせたくなかった。海軍教育をもって役立てたいと考えていた。

「之を殺すの拙なるを以て、唯其《ただその》方向を一転せしめんと大《おお》いに鼓舞して他日の要《かなめ》を期するに有り。故《ゆえ》に先《ま》づ神戸の地に海軍局を設け、此輩《このやから》を集合し、船舶の実地運転に従事せしめ、遠く上海、天津、朝鮮地方に航し、其《その》地理を目撃し、人情を洞察せしめんとす。幸ひに土州之人坂本龍馬氏わが塾に入り、大に此挙《このきよ》を可とし、激徒を鼓舞す」（「海軍歴史」）

攘夷を叫んで人をいくら斬っても、建設的なものは何も生まれてこない。龍馬も同感でこの勝の事業に乗り、書状を認《したた》めた前日の五月十六日、越前藩主松平春嶽から操練所の運用資金五千両の確約を取りつけていた。

操練所では幕臣を含め約二百名ほどで海軍の稽古に取り組んでいたが、幕臣のほとんどは学科は真剣に学んでも、いざ実技とはいかない。一方、龍馬と同志らは額《ひたい》に汗し、油まみれになりながら学び、不可能なことに挑戦する気概があった。自らの力で蒸気船を動かし、土佐に航海することを夢みていた。

永遠の精神——魂は時を超えて受け継がれる

月と日のむかしをしのぶみなと川
　流れて清き菊の下水《したみず》

（湊川《みなとがわ》をみていると、天皇家のために清く忠義を尽くした楠公《なんこう》のことなど、昔の月日がしのばれる）

この歌を「湊川にて」と題して龍馬は詠んだ。現在のＪＲ神戸駅のすぐそばに、明治五年（一八七二）、明治天皇の勅命で造営された楠木正成《くすのきまさしげ》を主祭神とする湊川神社がある。社格は別格官幣社であり、国難に殉じ勲功をたてた功臣を祀る神社の第一号である。鳥居の右手には、徳川光圀《とくがわみつくに》が建てた「嗚呼《ああ》忠臣楠子之墓」の碑がある。

楠木正成は後醍醐《ごだいご》天皇のために戦ったが、湊川の地で足利尊氏《あしかがたかうじ》、直義《ただよし》との激戦に敗れ、延元元年（一三三六）五月二十五日、弟の正季と共に自刃した。社殿のそばには一族十三名、負傷者で自刃した六十余の兵士が静かに眠っている。

「楠公さん」と親しまれるのは、「智仁勇の三徳を兼《かね》て死を善道に守り、功を天朝にほどこす事は、古《いにしえ》より今に至るまで、正成程の者は未だ有らず」（『太平記』）と称されたためである。

多くの志士が楠公の精神に感銘を受け、龍馬も楠公墓前に額突《ぬかづ》き、その徳を偲んでこの一首を詠んだ。

長州の吉田松陰も楠公の墓碑を拝した。「志は公《おおやけ》をもって生きねばならないし、そういう生き方をすると、時として落命することもあろう。しかし仮に短命に終ったとしても、義のために殉じたことは永遠に語りつがれるであろう」（「七生説」）と思索を深めるように、精神というものは時空を超えてよみがえり、魂となって受け継がれ、大義を貫こうとする。この死生観は、死と生は別の世界のものではなく、生の中に死はありという考えである。

龍馬はしばしば吉田松陰の精神性を敬慕し、歌を詠んでいる。下《しも》の句の「流れて清き菊の下水」は、楠公や松陰の精神を汲んだ尊王の心である。

吉田松陰

国家と家――四十歳までは帰らずに頑張りたい

乙女宛て・文久三年（一八六三）三月二十日

私年四十歳になるころまで八、うちに八かへらんよふニいたし申つもりにて、あにさんにもそふだんいたし候所、このごろ八お丶きに御きげんよろしくなり

（私が四十歳になるころまでは家に帰らないようにするつもりなので、兄さんにも相談したところ、このごろはすこぶるご機嫌がよくなり……）

この一文は、三歳上の姉乙女宛ての手紙のものである。龍馬の現存する書状は約百四十通で、そのうちで姉乙女宛ては連名も含めると十六通と一番多い。龍馬が乙女に信頼を寄せ、よき相談相手であったことがうかがい知れる。

龍馬は、勝海舟に弟子入りしたからには、海軍の勉強に真剣に取り組みたい。弟子たるもの大志を抱き、天から生命を授けられたことに報いたい。龍馬は同志に夢を語った。

龍馬の兄権平《ごんぺい》は、父八平の長男として、文化十一年（一八一四）に生まれている。安政三年（一八五六）二月、坂本家四代目を相続した。温厚実直な性格である。

龍馬より二十一も年上で親子ほど年が離れており、男子に恵まれなかったため、龍馬に家督を一日でも早く譲るつもりでいた。ところが龍馬にはその気はまったくなく、自由にしてほしいと懇願する。「四十歳ぐらいになれば帰国して坂本家を継ぐ」と約束したので、兄も渋々許すことにした。龍馬にすれば急場しのぎの弁明であったのだろう。「そのうち諦めて養子を迎える手立てを選ぶだろう」と軽い気持ちでいた。

龍馬は、坂本家よりも国家の将来、自らの選んだ海軍の方に興味津々といったところだった。国家のためなら血を流すこともできる。同志のために涙も流す。家族のために汗も流す。目先の小さなことに忙殺されるのを嫌い、乙女に相談して兄に対してとりつくろおうとしたことがうかがい知れる。

◈天下国家——天下のために力を尽くしたい

乙女宛て・文久三年（一八六三）三月二十日

> 国のため天下のためちからおつくし《(を)》おり申候
>
> （土佐藩のため、日本のために力を尽くしておりますよ）

ここでの国は土佐藩、天下は日本のこと。自己の利益のためでは決してない。このころ、姉乙女は龍馬が少し利己主義に走りすぎているのではないかと心配していた。信念を貫き、侍は侍らしく、商人は商人らしくと、身分をわきまえて事にあたるべきと愉してきた。

龍馬は十二歳のときに母幸《こう》と死別し、坂本家の三女である乙女がいわば母親がわりであった。幼少のころの龍馬は、母をなくしたこともあって、一向に人の意見に耳を傾けようとしない。楠山塾へ通うも、上士の子とのケンカがもとで退塾させられた。以来、乙女は自らの教育法で龍馬を鍛えあげていく。

幼いころ龍馬は泳ぎが苦手だったが、それを見かねた乙女は龍馬を鏡川に連れて行き、竹ざおの先にくくりつけて特訓させたという。鍛錬をくり返し行わせることで、精神力が身につく。

土佐には、山内家の家臣は上士、旧領主の長宗我部家の家臣は郷士と区別される厳しい身分制度があった。坂本家は町人郷士という低い身分の侍であり、幼い龍馬も、その不自由さを味わわされていた。

土佐では郷士でも、今や脱藩して自由を得た。あの軟弱な龍馬が天下国家を論じるまでに成長したことを乙女はたくましく思った。一方で何でも信じる龍馬に「人の口車に乗せられてだまされるでない。世の中はそうあまいものでない」と警鐘を発していた。

エヘンエヘン──達人の見る眼は恐ろしい

乙女宛て・文久三年（一八六三）五月十七日

達人の見るまなこハおそろしきものとや、つれぐ〳〵ニもこれあり。猶エヘンエヘン

（達人の見る眼は恐ろしいものと、「徒然草《つれづれぐさ》」にも書いてある。エヘンエヘン）

龍馬の書状は、実にウィットに飛んでいるが、著名な文学書から引いていることも多い。

この一文は「徒然草」の「第百九十四段」の「達人の見る眼は少しもあやまる所あるべからず」からで、達人とは勝海舟のこと。海軍の知識をもつ有名な大人物が私のことを認めてくれた。その自慢もしたいし、姉乙女に少しは教養のあるところもみせたいと、「徒然草」を引用したのだろう。

幕末時、西欧の極東政策は朝鮮、中国、インドに向けられ、その延長線上に日本があり、勝や龍馬は危機感をつのらせた。

だが、幕府の軍政改革は、幕府に都合のいいようになっていて、決して日本のためのものではない。

「達人」である勝は、つねづね疑念を抱かずにはいられなかった。自らの理想の海軍をつくるため、勝にとって龍馬ら同志は、まさに金の卵であったにちがいない。

このころの幕府は和宮降嫁による公武合体を推進し、志士ら攘夷討幕派との対立の激しさを日ごとに増していた。

志士のほとんどは攘夷を叫び、無駄な死を選んでいる。有能な人材を一人でも多く確保したい。勝は龍馬と同志らに徹底した教育をほどこした。教育に無駄というものはない。教育の成果が出るのは三十年先になるかもしれないが、必ずこの若者たちがリーダーシップをとり、日本を動かすだろう。軍艦奉行並の地位を得ると、勝はこの思いを強く感じだした。世界の動向を見据えての予感だったのかもしれない。

こぼれ話② 剣は心なり

龍馬の海軍の師である勝海舟は、剣と禅で心身を鍛えた。晩年に勝は、「おれは真剣に取り組んだのは剣と禅だけさあ。あとはまあまあといったところだ」と、彼の自然体ともいうべきユニークさで語ったという。

勝の好きな剣の歌がある。

切り結ぶ太刀の下こそ地獄なれ
　踏みこみゆけば後は極楽

何事も、死を恐れず身を投ずるぐらいの気概がなければ成就しないという。石橋ばかり叩いて消極的に立ちまわれば、小さな成果しか得られない。

勝は龍馬より十二歳上で、同じヒツジ年生まれ。二人とも剣術は相当に稽古を積んだ。二人が立ち合ったというエピソードはないが、試合をしたらさぞ圧巻だっただろう。

勝は直心影流の剣豪、島田虎之助に手ほどきを受けている。

剣は心なり。心正しからざれば、剣正しからず。剣を学ばんと欲《ほっ》すれば、先《ま》ず心より学ぶべし

この島田の名言は、世の中の諸道に通じるものである。剣術の稽古は何のために行うのか、心の修行であり、極意はここにあるのではないかと龍馬は悟ったのだろう。龍馬はつねに正論をもって人に訴えつづけ、人心を動かした。物事に動じず、的確に判断し、正論を述べる。ここに私情をはさむと不動の心は崩れ去る。

龍馬が海援隊の同志と心を通わすことができたのは、この剣の心を実践したからだろう。勝は剣禅の精神をもって龍馬ら弟子を鍛えあげたのである。

油断は禁物――ちょっと言ったことでも誤解される

乙女宛て・文久三年（一八六三）五月十七日

まづぐあいだがらへも、すこしもいうては、見込のちがう人あるからは、をひとりニて御聞おき
（まずまずの間柄であっても、ちょっと言ったことでも誤解してしまうような人もいるから、自分の中だけで留めて置いてください）

龍馬のような性格でも、時としては慎重になる。この書状の前の方には勝海舟のことが認《したた》めてあり、優秀な者の足をとかく引っ張る者がいるので、たとえ親密な間柄の人物であっても、むやみに話すべきではない、と姉乙女に忠告している。

真実は真実として人に伝わらないことがしばしばある。そのまま語られればいいが、私心

が入って別の人に伝われば、流言蜚語《りゅうげんひご》になりかねない。口は災いの元であり、ありもしないことで妬《ねた》み嫉《そね》まれることが世の常である。

世の中には、必ず物事を色メガネをかけてみる人がいる。気をつけなければ足元をすくわれる。いたるところに落とし穴があり、油断は禁物と、龍馬は感じたのだろう。

海軍操練所での充実した日々を送ることを自慢したつもりが、心のどこかで心配でならない。土佐では自分のことを素直に認めてくれるわけがない。土佐藩の藩論はあくまで幕府寄りの公武合体論であり、それ以外の論は通じない。そのことで兄権平や、姉の嫁ぎ先の高松順蔵らに迷惑がかかってはいけないと思ったのだろう。

龍馬にも気くばりができるようになった。この書状を受け取った姉乙女は、龍馬の成長ぶりに目を細めたにちがいない。

おそらく乙女は、龍馬の忠告を無視して自慢したことだろう。天下国家のために奔走する龍馬を少しでもほめてやりたい。乙女の性格からして我慢ができないのである。兄権平からの説教を伝えられるのが、龍馬は一番苦手だった。

エヘン顔——戦争になればそれまでの命

乙女宛て・文久三年（一八六三）五月十七日

軍《いく》サでもはじまり候時ハ夫《それ》までの命。ことし命あれバ私四十歳になり候を、むかしいゝし事を御引合なされたまへ。すこしエヘンニかおしてひそかにおり申候

（戦でもはじまれば、それまでの命です。幸い今年、命があったならば、私が四十歳になるときに、昔言っていたことととして思い出してください。ひそかに少し得意げな顔をしておりますよ）

前年の文久二年は、攘夷派の激化で「天誅《てんちゅう》」と称するテロ行為が横行していた。土佐藩内でも開国と公武合体を唱える仕置役吉田東洋《よしだとうよう》が、勤王をかかげる土佐勤王党の指導者、武

市瑞山の命を受けた同志らによって暗殺された。一方、薩摩藩では国父島津久光《しまずひさみつ》が幕政改革をうながすため藩士千名を率いて上京、これを機に攘夷派が討幕挙兵を画策して伏見寺田屋に集まっているところを、久光の命を受けた鎮撫使《ちんぶし》によって鎮圧された。寺田屋事件である。いつ戦いが起こるかわからないと、龍馬も肌で感じていたのだろう。緊迫した政情であったことは間違いなく、戦いがはじまれば命を落とすかもしれない。だが、武士ならば国家のために血を流すことを恐れてはならない。その決意がなければ国は守れない。

当時は人生五十年である。龍馬は兄権平から「一日も早く帰国して坂本家の跡を継いでほしい」と懇願されていた。だが龍馬は四十歳までは自由にしてほしい。その間に夢を実現したい。龍馬は兄権平に言う。自分が四十歳を迎えるころ、昔の話をもち出し、説教じみたことをならべたてでください。だが、今それを言われると、耳ざわりでならない。聞いたような風をしてエヘン顔を装って自慢げにして待っております、と。若いころは、すべて可能性を秘めているように思いがちである。

無鉄砲な行動を慎しまなければ、龍馬のことでお家断絶になったら先祖に申し訳がたたないと兄は言う。だが、一度、土佐を飛び出すと、いかに藩が小さいものか認識する。「土佐の龍馬」ではない、自分は「日本の龍馬」になりたいと思いを馳せていた時期である。

◈朝廷は大事——大事にしないといけない決まりもの

池内蔵太の母宛て・文久三年（一八六三）六月十六日

朝廷というもの八国よりも父母よりも大事にせんならんというハきまりものなり
（朝廷というものは、土佐の国よりも父母よりも大事にしなければいけないと決まっているものである）

天皇に鉾《ほこ》を向ければ、必ず滅ぶことになる。薩摩の西郷隆盛は、鳥羽伏見の戦いに際し、「玉《ぎょく》取り戦争」と呼んだ。「国」という字は「玉」、つまり天皇をかこむこと。天皇を味方にすればそのときから官軍となる。相手は賊軍となり、決して勝利はないという。

当時、京都に参勤交代で入洛する大名は、まず関白のところへ赴き、「天《てん》機《き》伺《うかが》い」をたてる。このことを幕府はよしとしなかったが、大名はこぞって天皇のご機嫌をたずね、貢ぎ物を献上する。すると朝廷からは、御所《ごしょ》人形などのご下賜品《かしひん》が下される。もう一つ、大名は天皇から五位の官位などをいただき、将軍の許可を得て、昇進推挙を図った。

天皇の住居は「禁裏御所《きんりごしょ》」といい、京の町衆は天皇を「禁裏様」と呼んだ。入洛した旅人は禁裏へ赴き、跪座《きざ》し御所を拝した。江戸の読本《よみほん》作者・滝沢馬琴《たきざわばきん》が入洛した際、まわりの者が拝しているのをみて、さぞご利益があるのだろうと思い、賽銭《さいせん》を投げてひんしゅくをかったとか。

御所のまわりには堀がなく、間垣《まがき》だけだった。公家の住居のところまで、物売りも一般の者も出入りは自由であった。御所に防禦《ぼうぎょ》のものが何一つ見当たらなかったのは、天皇に私心というものがなく、町衆の心の堀で見守られていたためである。一様に入洛者は感激したという。尊攘派の志士らと同じように、龍馬も天皇の存在がこの国を形づくり、最も大切なものであると思った。

◈ヘボクレ役人――自分大事は男ではない

池内蔵太の母宛て・文久三年（一八六三）六月十六日

それハ〳〵実当時のヘボクレ役人や、あるいハムチャクチャをやぢの我国ヒイキ我家ヒイキにて、男子とし（て）の咄《はなし》にあらず

（それはそれは実に当時のヘボクレ役人や、あるいは無茶苦茶おやじの自藩びいき身内びいきであって、男子としての話ではない）

世の中を見渡すと、自分のことばかりの自己主義が横行していると、龍馬は嘆く。国の大事なぞ一向に目もくれず、大義ということをはたして認識しているのだろうか。最もあてにならないのは、藩の役人だ。責任を自ら取ろうとせず、他人事《ひとごと》のような仕事で横着きわまりない。藩で失敗すれば切腹ものだから、幕府の役人同様に国難についてはどこ

吹く風で、まるで柳に風の体《てい》である。それを龍馬は「ヘボクレ役人」と呼び、こんなできの悪い役人がいるだろうかと切り捨てた。

アメリカのハリスも「日本の役人は、しばらくくとにげ腰で世界一番のウソつきだ」と酷評した。外交と称しつつ、すぐまわりを気にして、逃げの内交に転化するというのだ。

無茶苦茶おやじには手がつけられない、とも龍馬はいう。物事に一本通った筋道がなく、自己中心的で一方的にまくしたてる人物のことをいっている。

土佐藩から日本をみてもどうしようもない。大局的な見地で考えることができないものか、実に嘆かわしい。こんなに料簡の狭いことでは、男子として情けない。

この書状は、同志の池内蔵太《いけくらた》の母親に宛てたものである。池は六歳下で、生家が近いこともあり、龍馬はことのほかかわいがっていた。池は当初、藩命で江戸や京坂に来ていたが、藩論とあわず自らの信念で脱藩して長州へ走った。この年五月、長州で外国船砲撃の遊撃隊参謀となって活躍し、その後、天誅組、禁門の変にも参戦し、海援隊に入って龍馬の右腕となった人物である。池のことをまわりが何も知らないで批判ばかりするので、龍馬はキレて池の母親を戒めるべく一書認《したた》めたのである。

腐敗の姦吏——国の大事をよそにみる馬鹿役人

乙女宛て・文久三年（一八六三）六月二十九日

姦吏《かんり》の夷人《いじん》と内通《ないつう》いたし候ものニて候

（悪い役人が外国人と内通しているということです）

国家をよくするも悪くするも、役人の心構え一つである。龍馬は幕府の役人を姦吏と揶揄《やゆ》し、嘲弄《ちょうろう》し、あきれはてていた。本来、国を護る立場でありながら、外国人に国を売っているという。

長州藩が外国と戦争し、敗色濃厚となった状況で、「あきれはてたる事ハ、其《その》長州でたゝかいたる船を江戸でしふく（修復）いたし又長州でたゝかい申候」と嘆く。つね日ごろから反発する長州を痛めつけてやれとばかりに、幕府は長州にやられた外国の軍艦をわざわざ江戸で修理の手助けまでし、その軍艦をもって再び長州に戦いを挑ませているのだという。

幕府の役人は、私怨のために国益ということをまったく無視している。そんな役人ほど権力の座に居座り、幅をきかせ幕政を牛耳《ぎゆうじ》っている。彼らが勢力を伸ばせば、たちまち国は滅ぶであろう。

国家あっての藩であり、家族であり、同志である。龍馬が国家論の重要さを強く感じたのは、この書状からもうかがい知れる。

このころ、長州の河上弥市はこんな歌を詠んでいる。

議論より実を行なえなまけ武士
　国の大事をよそにみる馬鹿

日本を「せんたく」――役人にこの国の将来をまかせておけない

乙女宛て・文久三年（一八六三）六月二十九日

> 姦吏を一事に軍《いくさ》いたし打殺《うちころし》、日本《ニッポン》を今一度せんたくいたし申候事ニいたすべくとの神願《ガン》ニて候
>
> （悪い役人を一挙に戦で打ち殺し、日本を今一度一新させますと神に誓いました）

日本の改革に待ったなしで挑むべきと、龍馬は訴える。役人の悪事の数々を許すものか、我慢にも限界がある。

国を売るような役人は一日も早く葬り去るべきとして、「軍いたし打殺」と過激につづった。

だが、龍馬の性格については、長州の三吉慎蔵《みよししんぞう》は次のように語っている。

「問　坂本の人と為《な》りは過激の方なるや。
答　過激なることは豪《ごう》も無し。かつ声高に事を論ずる程のこともなく、至極おとなしき人なり。容色を一見すれば豪気《ごうき》に見受けらるゝも、万事温和に事を処する人なり。ただし胆力は極めて大なり」（「毛利家文庫」三吉慎蔵話の要）

豪放磊落《ごうほうらいらく》で悠然としている一方で、「機を視《み》ること敏」に行動した。

政局を読むに、幕府は各藩に藩政改革を求めたものの、肝心の幕政改革は掛け声ばかりで遅々として進まない。中央役人が権力を笠にきて地方役人をいじめているようなもので、その矛盾をするどく指摘し、「日本を今一度せんたく」する必要があると警鐘を鳴らしている。

悪知恵の働く役人に、この国の将来をまかせられない。国が滅ぶのは外敵によるばかりではなく、時として愚かな家臣の行為による。役人の利害で国益を損じている状況を悲憤慷慨《ひふんこうがい》する龍馬の気持ちはよく理解できる。

人物なき世――組織を動かせる存在がいない

乙女宛て・文久三年（一八六三）六月二十九日

実に天下に人ぶつのなき事これを以《もっ》てしるべく、なげくべし

（実に天下には人物がいないことを知り、嘆かわしいと思う）

どの時代もなかなか人物はいないものである。泰平無事な時代では、それなりに社会は機能しているが、幕末のような激動期に入ると人物の実力がためされ、時代が人物を生み育てるようになる。

龍馬は「人物」と「人材」とを分けて考えていたようである。人材はそれぞれ有している才能を伸ばせばよい。龍馬流にいえば、それぞれの能力にあった自分の道があり、志をもって拓ければよいということである。

一方、人物はその人材を集め、組織だててマネジメントをする存在である。人物は人材を決して使いすてるのではなく、仕事をこなす財産として用いなければならない。人材同志が知恵を出しあって、既成概念を破り、まったく別のものを創造するように仕向けることが大事である。

龍馬はのちに土佐海援隊を組織するが、隊士は土佐のみならず各地の脱藩者で構成した。少しでも有能な人材を確保したかったのと、人脈に広がりを得られると考えたからだ。特色ある人材が集まれば発想が広がり、それだけ大きな事業が展開できる。

龍馬と同じく組織をつくった討幕派の人物として、高杉晋作がいる。高杉は上級武士として長州藩の藩論統一を目指したが、隊士は武士以外を用いたとはいえ藩内の一部にとどまっていた。一方、商人出身の武士である龍馬は、幅広い人材を用いた商業活動を通して国家論を説いた。のちにつくりあげる新国家構想「船中八策《せんちゅうはっさく》」においても経済面、外交面に着目している。

龍馬は日本を駄目にしているのは、目先の利益にとらわれ、大局的に将来を見据える人物がいないことと嘆いている。先見力のある人物が国家を豊かにする。

有能な人物とは、国益を順守し信頼される人間関係を築ける者ではないだろうか。

ハイハイエヘン——おもしろいことを考えています

乙女宛て・文久三年（一八六三）六月二十九日

ハイハイエヘンをもしろき事《コト》、兼而《カネテ》思ひ付おり申候

（ハイハイエヘン、おもしろいことをかねてから思いついています）

龍馬は姉乙女に長文をつづった。息のつまるような窮屈な土佐から龍馬のように脱けだしたいと、乙女が真剣に訴えたことに対しての返事である。

龍馬は肩の力が抜けるようなユニークな展開で、乙女の悩みを解きほぐそうとしている。幼少のころ、龍馬が通っていた塾の退塾をよぎなくされて苦しんでいたとき、乙女はやさしくも厳しい態度で、男子たるもの、武士の子たるものの訓《おし》えを与えて鍛え、それはまさに「剛」の教育であったが、成長した龍馬は乙女に対し「柔」の態度で対処している。

乙女に与えたアドバイスは次のようなものであった。

世の中は土佐のようではなく、極めて騒々しい。どうしても土佐から逃げ出したいのなら、僧侶となり古い袈裟衣《けさごろも》に身を包んで諸国を行脚《あんぎや》するがいい。そうすれば、西は長崎より、東は松前より蝦夷《えぞ》（北海道）まで、長旅をしても金は一文もいらない。

このことに決心がついたら、経を憶えよ。真言宗《しんごん》の観音経か、一向宗《いっこう》の阿弥陀経は少し節があってむずかしいが、どこへ行っても門徒がいるのでやりがいがある。やり通せば実に楽しいと思う。尼の読むお経も忘れないこと。宿屋においては親鸞上人《しんらんしようにん》のようなありがたい法談をやればよい。乙女姉さんなら十分できる。

悩める者に説法は効果がない。ここはひとつ、楽しく笑い飛ばそう。深刻な話は禁物だ。龍馬の発想は痛快である。読んだ乙女は泣き笑い顔になって、さぞや気がほぐれたことだろう。

人並ではない——せこい嫌なヤツでは死なない

乙女宛て・文久三年（一八六三）六月二十九日

人並《ナミ》のよふに中々めったに死なふぞ〱。私が死日《シヌルヒ》ハ天下大変にて生《いき》ておりてもやくにた丶ず、おろ（ママ）んともた丶ぬよふニならねバ、中々こすいいやなやつで死《シニワ》ハせぬ

（人並みのようにめったには死にません。私が死ぬときは天下に大変な事態が起きていて、生きていてもいなくなっても役に立たないぐらいにならないと。中途半端にせこい嫌な奴と煙たがられようと死にはしない）

龍馬の家族は、八方破れな行動をする龍馬が心配でならない。おそらく幾度となく忠告する書状を送りつづけたのだろう。だが龍馬はどこ吹く風と、一向に聞く耳をもたない。揚句

の果てに自分はそう簡単には死なないと自負する。龍馬にすれば一寸先は闇、誰も死の予言なんかできるわけがないのに、慎重に行動するように言われても仕方がない。

龍馬流の考え方だとこうなる。どうせ自分が死ぬときは世の中が大混乱になっているだろう。仮に生きていても、自分くらいの人間ではたいして役に立つかどうかわからない。いなくなってもたいしたことにもならない。まわりからこすい嫌な奴と煙たがられようと死にはせぬ(のでご安心を、とでもいいたげである)。豪放磊落なのに、いやに筆は繊細につづっている。

この年、龍馬二十九歳。兄権平は一日も早く土佐に帰国して坂本家を継いでほしい。藩に仕えることは家のみならず、国家を安泰にするのも同然である。

龍馬はそんな権平の考えにわだかまりを感じ、なんとか日本を変えたいと願う。変えなければ日本が西欧のエジキになるのは目に見えている。そう思いつめると、命を投げ捨ててでもやるべきときにはやり、言うべきときに言い、できる限りのことを今のうちになしとげたいと思う。

自分の命ぐらいではどうにもならないかもしれないが、やれるところまでやってみたい。夢も希望も捨てることはいつでもできるが、投げ出してしまったらもう終わりではないか、と歩みつづけるのである。

土佐の芋掘り——天の思し召しで天下を動かす

乙女宛て・文久三年（一八六三）六月二十九日

> 土佐のいもほりともなんともいわれぬ、いそふろふに生《ウマレ》て、一人の力で天下うごかすべきハ、是《これ》又天よりする事なり
>
> （土佐の芋掘りともなんとも言えないような居候に生まれながら、独力で天下を動かそうとするのは、これまた天の思《おぼ》し召しだ）

龍馬は土佐では身分の低い下士にすぎないが、土佐藩の上士は、藩祖である山内一豊以来の家臣である。一豊は尾張出身で織田信長、豊臣秀吉のもとで活躍し、近江長浜二万石ののち、遠州掛川《かけがわ》五万石の城主となった。関ヶ原の戦いでは、徳川家康率いる東軍に属し、その褒美として土佐二十二万石を与えられた。そんなこともあり、山内家の家臣は徳川家に対し

て特別の恩義を感じていた。

一方、土佐藩の下士は長宗我部氏の家臣の子孫で、一豊の入府以来、冷遇されつづけた。龍馬が「芋掘り」と評したのは、身分も低く田舎者かもしれないがとへり下っているのである。

そんな家の次男坊生まれの者でも国の大事を憂い、たった一人の力でも天下国家を動かすことはできると胸を張った。なぜならば、「至誠天に通ず」で、天の思し召しにほかならないからだと憚《はばか》らない。兄権平からは、土佐の老公容堂でも政局を動かすことは難しいのに、お前ごときが奔走しても犬の遠吠えのようなものだ、無駄なことはやめて土佐に早く帰れ、と口グセのように言われていたのだろう。

龍馬はこの言葉が身にしみていたのか、書状の中には次のような文句が散見する。決して物見遊山《ゆさん》で諸国をめぐっているわけではなく、世のため、人のために砕身しているのだ。世の中に一石を投ずるのは自分しかいない、と。「かふ申てもけしてくつけあがりハせず」と言い、決してうぬぼれて言っているわけではない。今やらねばという気持ちでいっぱいだと訴える。とかく若いときは、情熱のあまり社会に反発して行動しがちだが、兄権平はそれを諫《いさ》めようとなんでも反対したのだろう。権平の心配に反して、龍馬は無私な性分でまわりにやる気を起こし、同志から親しまれていた。

こぼれ話③　三者三様の柿の食べ方

文久元年（一八六一）に龍馬が土佐勤王党に加わったころの話が伝わっている。あるとき、土佐勤王党の盟主武市瑞山の家へ、同志の中岡慎太郎《なかおかしんたろう》と吉村寅太郎と連れだって訪れた。だが、あいにく瑞山は不在であった。

瑞山の妻富子は賢婦であった。何かもてなそうと思ったがなにせ貧しい。考えあぐねたところ庭の柿の実に目がとまった。

渋そうではあったが、柿の実がふるまわれると、中岡は柿の実をながめ、礼を述べて「拙者《せっしゃ》は結構です」と手をつけなかった。それをみた吉村は、食して笑いながら「そういえば拙者の庭にも柿の木はあるが、これほどの美味はない」と如才がない。

一方、龍馬は盆に盛られた柿の実を品定めして一つ食べた。だが、どうもヘタのあたりが渋かったのだろう。今度は、うまそうな実をさがし、ヘタの部分を残して食べて満足そうだったという。

龍馬は商人武士という特異な身分からはいあがっただけに、自らの発想で行動したが、地道に歩んだ。一見、大胆不敵だが内面は実に冷静沈着に考えて行動していたのではないだろうか。

たしかに中岡は政治力にたけていた。無駄な労力はかけたくない。柿の実がまずいとみて、手を出さなかった。

薩長同盟をいち早く唱えた中岡の発想はすばらしいものであった。だが、それを実現させたのは、予想もつかない龍馬の商業活動であった。どこかに美味な柿の実があるはずという試行錯誤で活路をみつけ、薩長両藩のわだかまりを氷解させた。

吉村は土佐勤王党脱藩第一号で、攘夷の魁《さきがけ》たらんと大和に義挙した天誅組に身を投じ殉死した。吉村は無造作に柿の実を食べたように、事を選び損ねた。龍馬は、吉村のようなみじめな死に方はオレはしないと書状につづった。

乱世は人物を輩出する。時代が人を育てるの所以《ゆえん》である。

浮世は三文五厘——ぶんと屁のなるほどやってみよ

乙女宛て・文久三年（一八六三）六月二十九日

なんのうきよハ三文五厘よ。ぶんと。へのなる。ほど。やって見よ

（なんの、浮世は三文五厘ほどの値打ちしかない。ぶんと、屁が出るほど思いっきりやってみよ）

人には、それぞれ潜在能力がある。無意識の中の行動力である。自覚を伴う能力にはある程度のところまでくると限界を感じる。だが、あるとき突如として潜在能力に目覚めると実力以上の結果を生む。

龍馬には商売の才能があった。それは、常識をしばしば覆《くつがえ》し、まわりをア然とさせる。物を売るのに思案ばかりしていては心配ばかりが先行するから、ますます後手にまわって

しまう。

まず挑戦してみる。そのとき、ためらわないこと。攻めるときは一気に攻めていけば、必ず道はおのずと開ける。

龍馬は北辰一刀流《ほくしんいっとうりゅう》の達人であったが、剣術でも同じである。中途半端に攻めると、逆に打ち込まれて敗れる。相手を崩すには、自信をもって一撃を加えること。伸びのある剣さばきがそこに生まれる。

龍馬は、屁のなるほど下腹に力を入れて、思いきりやってみろ、という。世の中なんか、そんなにすごいことばかりで成り立っているものではない。少しの努力でなんとでもなるときがある。

万策尽き、八方塞《ふさ》がっても、一閃《いっせん》の光とともに独創が生まれることがしばしばある。くよくよせず、自分流、自然流で取り組めばよいではないか。

はちきん——男より強い乙女

乙女宛て・文久三年（一八六三）八月十四日か

此人《このひと》ハおさなというなり。本《もと》ハ乙女といゝしなり。今年廿六《にじゅうろく》歳になり候。馬によくのり釼《けん》も余程手づよく、長刀《なぎなた》も出来、力《チカラ》ハなみ〳〵の男子よりつよく

（この人は佐那と言います。幼名は乙女です。今年二十六歳になります。馬に上手に乗り、剣も強く、なぎなたもできて、力は普通の男より強く……）

龍馬は江戸での剣術修行時代、北辰一刀流小千葉道場で千葉定吉《ちばさだきち》の娘佐那《さな》と出会っている。男子たる者、恋した女のことを人に軽々しく告白することは女々しいことであるが、乙女にだけは認めてほしい。

佐那は龍馬より三歳下の二十六歳で、以前は乙女と称し、姉さんと同じ名である、と伝える。女だてらに乗馬もでき、剣、なぎなたの腕前も強い。力も男よりよほど強く、昔、坂本家に奉公していた力持ちのおぎんを思い出すというが、本当は姉乙女を連想してのことであった。

龍馬は、土佐でいう「はちきん」の女性が好みだったのであろう。「はちきん」とは男勝りのタイプである。関西でいうおてんば娘。薩摩では御御女《おごじょ》である。芯が一本通っている日本女性の鑑《かがみ》のような存在である。

龍馬は、初恋の加尾と比べ、「かほかた平井（加尾）より少しよし」と、完全に心は佐那に奪われていた。佐那は美人なうえに、乙女姉さん同様、十三絃の琴も皆伝、絵上手ときている。土佐の女性より江戸の女性はあかぬけしているとでもいいたげである。

天下か家族か――天下は家と比べられない

川原塚茂太郎宛て・文久三年（一八六三）八月十九日

天下の事ニ引くらべ候得バ、一家の事ハかへり見るにいとまなし
（天下のことに比べれば、家のことなど振り返って見る暇はない）

天下を坂本家と天秤《てんびん》にかけられない、と捨てゼリフのように伝えている。坂本家の人は何かというと家のことばかり口にするが、日本が滅びたならば、土佐も坂本家も存在しないではないか、と投げかける。

土佐では、老公の山内容堂が公武合体を推しているものの、下士の連中は勤王運動に奔走し、吉村寅太郎ら志ある者は、早くから藩を見切って脱藩した。龍馬にも藩や家のことより、日本の国益を優先させたいという、純真な志があった。

この書状の前年に勝海舟の尽力で脱藩を許されていたが、十二月に藩の帰国命令を拒否した龍馬は、再び脱藩の身となっていた。

武士が藩籍を捨て、浪人になることは、藩、つまり藩主との縁を切ることで、命がけの行為である。

だが、龍馬のように進歩的思想を抱く下士らは、藩の保守的な藩論を否定し、天下国家のために尽力したいと、情熱をもって奔走した。

この書状を認《したた》めた年は、一月に京都、二月に長崎、四月に熊本、六月に江戸と奔走し、国を憂えていた。

吉村寅太郎

天下に事をなす――時機を見極めよ

乙女宛て・元治元年（一八六四）六月二十八日

天下に事をなすものハねぶともよく〳〵はれずてハ、はりへハうみをつけもふさず候

（天下において事をなすためには、腫れ物もよくよく腫れないと針をつけて膿みを出せないように、機が熟すのを見極めないといけない）

事を興すには、勢いだけで単純に行動していたのでは決してよい結果は得られない。情報を得て、現場を知り、常識を覆す発想法で経験を積むなど、総合的に判断を下して動くべきである。

文中の「ねぶと」は腫れ物の意。十分に腫れていないのに針でつぶせば、ますます化膿し

てしまって大変なことになりかねない。いつ針を刺せば完治するか、予測しなければならない。名医とは、判断力と技術力のある医者のことである。

龍馬は自分の足で江戸、京坂、下関、四国、九州、薩摩と奔走し、耳目で情報を集めた。特に江戸、京坂、長崎は情報量があり、世界の話ができる。まさに飛耳長目《ひじちょうもく》である。耳を飛ばして情勢を的確にとらえ、長い目で思索する。

また書状の中で、小野小町が詠んだ雨乞いの歌を例に出し、「よくひでりの順のよき時ハうけあい雨がふり不申《もうさず》」とつづっている。すなわち、日照がつづくと雨は降らない。小野小町は詠むに際し、北の山が曇るのを察知し天気を予測していた、と龍馬は指摘している。さらに、新田義貞《にったよしさだ》が稲村ヶ崎で太刀を海に捧げ潮を引かせたのは、実はまえもって干潮の時間帯を知っていたからだともいっている。

重要な仕事に取り組むときは、事前に十分な情報を集め、分析すべきで、中途半端にならないように心掛けよと説く。思いつきでつっ走ると取り返しのつかない大失敗をする。「令あやまれば千兵を失う」の故事もある。

仕事を興すには、時機、場所、人材が不可欠。一つが欠けても目的は達成できない。ここでは時機、すなわちタイミングの見極めについて述べている。

川瀬の蛍──今はなき同志を想う

きゑやらぬ思ひのさらにうぢ川の
川瀬にすだく蛍《ほたる》のみかは
（宇治川の川瀬に住む蛍のように、消えない思いが浮かんでくる）

宇治川は京都南部に流れる川で、平安時代は貴人の遊興の地であった。藤原頼道《ふじわらのよりみち》が建立した名刹《めいさつ》の平等院や黄檗《おうばく》宗大本山の萬福寺《まんぷくじ》がある。宇治茶の生産地としても知られているように、茶畑が広がる風景を龍馬もみたことだろう。

龍馬の詠草の代表的なものは二十二首あるが、勤王志士の多くが詠んだ国を憂える悲憤慷慨型のものは二〜三にすぎず、それらを除けば文学的なものばかりである。

幕末の志士は攘夷や討幕を唱え、それらを歌に詠むことにより己の信条とし、批判や不満の念を情熱に変えた。吉田松陰や高杉晋作などは「猛士」「狂生」と号し、情熱は猛《たけ》るほどであると訴えた。だが、龍馬はこれらとは一線を画していた。

土佐勤王党の同志で土佐脱藩第一号であった吉村寅太郎は、文久三年（一八六三）八月十四日、公卿の中山忠光《なかやまただみつ》を擁して大和に挙兵した。天誅組で大将だったが、壮烈な戦死をした。最期の言葉として「残念」と言い残したため、「残念大将」と呼ばれた。

龍馬が思うに、この天誅組の挙兵は、時の読み間違いであった。

宇治川のゆるやかな流れをながめていると、走馬灯のように今はなき同志の顔が浮かぶ。同志を「蛍」にたとえたのだろうか。

のち慶応元年（一八六五）九月九日付の、姉乙女宛ての書状で「わたしがお国ニおりし頃ニハ、吉村三太と申もの頭のはげたわかいしゆ（若衆）これあり候。これがもち候哥本《うたぼん》（歌）、新葉集とて南朝（楠本正成公などのころよしの（吉野）ニて出来しうたのほん也）にてできし本あり。これがほしくて京都にて色々求候得《もとめそうらえ》ども、一向手ニいらず候」と、奔走中でも歌の本だけは探し求めていたことを伝えている。

龍馬には叙情的な一面もあり、ともすると歌人にあこがれていたこともあったのかもしれない。

大堰川——時の流れは速い

嵐山夕べ淋しく鳴る鐘に
　こぼれそめてし木々の紅葉
（嵐山の夕べに淋しく鳴る鐘とともに、木々の紅葉が落ちて一面を紅く染めている）

学問らしいことは皆無の龍馬であったが、父八平から「新古今集」「新葉和歌集」を学んだ。この歌は自然と心にしみた嵐山の美しさをサラッと詠んだものである。嵐山の山なみを二分するように流れる大堰川《おおいがわ》では、幕末ごろは丹波からの筏流《いかだ》しが盛んだったが、平安時代には貴族が管弦の遊興船を浮かべた。

延喜七年（九〇七）、宇多《うだ》法皇がこの地に遊び、随行の紀貫之《きのつらゆき》らの歌人が詠進した。貫之が書いた約五百字の仮名の序文の「大堰川御幸和歌序《みゆきわかじょ》」が有名である。貫之は「土佐日記」

を著していることもあり、龍馬は貫之になぞらえて、この一首を詠んだのだろう。「鳴る鐘」は、夢窓疎石《むそうそせき》が開山した嵯峨天龍寺の鐘だろう。この寺は、山号を霊亀《れいき》山と称し、足利尊氏が後醍醐天皇の冥福を祈願し亀山殿跡に建立したもので、京都五山の第一となった。嵐山は、参勤交代の大名はじめ、京都を往来する人々が遊ぶ名所旧跡の一つである。
龍馬詠草の中に次の歌がある。

さてもよにつゝもあるか大井川
　くだすいかだのはやきとしつき
（さても大変似ていることだ。大堰川を下る筏と年月の速さは）

この歌の「大井川」は、駿河の旅人が人足を雇って肩車や輦台《れんだい》で渡るあの川のことではなく、嵐山の大堰川のことである。名物筏流しの船頭の棹取《さおとり》の妙にみとれて詠んだ。龍馬は再三入洛するが、京都の政局はめまぐるしく変わり、政治の中心も江戸から京都に移りつつあった。時の流れの速さにおどろかされたのだろう。「下す筏」を世の移り変わりにかけている。嵐山を訪れた人は、その美しい風景に古《いにしえ》を味わった。

こぼれ話④　資金調達の名人

龍馬は資金調達をいとも簡単になした。まず相手の心理状態を読む。そして大義名分を並べたて、相手をあたかも高潔で大人物のように仕立ててしまう。満足感、充実感を抱かせ、「国家を動すのはあなたしかいない」とほめそやす。誰だってそこまでほめられて嫌な人間はいない。

大名は身分上、まわりからほめあげられて生きてきた。だから日常の小さなことを並べられてもたいしたことはない。そこで龍馬は、大風呂敷をもって「世界」とか「日本」とかの言葉を連発し、その反応を観察しながら攻略する。商魂がサワサワと騒ぐ。相手の顔色をみながら、落ちないものを追い込み、口説き落とすことに快感を覚えた。

勝海舟が神戸海軍操練所建設に取り組んだときも資金繰りに窮した。計画どおりの施設ができない。完全な資金不足だ。勝は外見上の磊落な性格とは裏腹に、仕事に対しては厳しいほどの完璧主義である。海防の強化は、どれだけ資金を投入できるかで決まる。西欧の極東政策による侵略を防ぐには、より強固なものでなければならない。そこで勝は龍馬の資金調達の力量を認め、使者として越前福井に赴かせた。

前藩主松平春嶽《まつだいらしゅんがく》は幕府政事《せいじ》総裁職を務めるなど名君中の名君として知られ、大局的な思考の持ち主であった。龍馬は海防について正論を述べつづけた。春嶽は龍馬のことを、「いかにも勝の弟子らしいおもしろい男」と親しみを感じたのだろう。即座に五千両の融資を確約したという。春嶽に、日本を救う正義感を味わわせた一瞬だった。まさか越前福井藩の年間予算にあたる五千両を、龍馬も簡単に調達できるとは思っていなかった。春嶽を太っ腹にさせたのは、龍馬が檜舞台の大役者に仕立て上げたからであろう。

春嶽は藩政改革を断行し、財政に明るい由利公正《ゆりきみまさ》を登用、また熊本から横井小楠を招き、政治顧問とした。龍馬はこの資金調達とあわせて由利、横井といった人物にまで人脈を広げることにも成功した。

超一流の人物と接することは、自分の世界を広げることである。龍馬にとって人脈は、財産の一つであった。

松平慶永（春嶽）

下関に交易場――「容易ならざる企て」を知る情報通

兄権平、乙女、おやべ宛て・慶応元年（一八六五）九月七日

此度《このたび》進発在ルハ長州外夷と通じ、容易ならざる企有之候《くわだてこれあり》。尤《もっとも》和蘭《オランダ》コンシユル横浜ニ於《おい》て申《もうし》立《たて》也と。又曰ク下の関ニ私ニ交易場を開キたり

（この度の幕府の征長は、長州が外国と通じて何か怪しげな企てをしているため、とのことです。それはオランダ総領事が横浜で申し立てたことで、また、下関で勝手に貿易場を開いているとのことである）

このころ、龍馬は窮地に立っていた。龍馬の紹介で勝海舟の海軍塾生として航海術を修業していた望月亀弥太が、池田屋事件で討ち死にしたのである。

新選組や幕吏との戦いで命を落とす者が多いため、龍馬は同志らを蝦夷地に移らせようと

考えていた。京坂の過激派志士のエネルギーをもって蝦夷地の開拓にあたらせ、同時に北方のロシアからの守りとするという奇策であった。だが、その矢先に池田屋事件が起こった。元治元年（一八六四）六月五日、新選組は古道具商を装っていた古高俊太郎《ふるたかしゅんたろう》を捕らえ、その古高の一件で集まった各藩志士の密会所である三条小橋の池田屋を急襲した。多くの志士が斬られ、土佐の望月や野老山吾吉郎《ところやまごきちろう》、藤崎八郎、北添佶摩《きたぞえきつま》らが闘死した。

龍馬はこのことが残念でならなかった。志半ばに斃《たお》れることは犬死にに等しい。生きてこそ何ごとも成就でき、国家のために忠義が尽くせる。また、蝦夷地開拓を龍馬にもちかけた一人が北添で、龍馬は蝦夷地開拓を将来的には国家事業にしようと夢を膨らませていたところであった。

そしてこの事件は、意外な方向へつながる。望月は海舟の塾生であったため、幕府の海軍操練所は廃止、海舟も江戸へ戻るよう命ぜられたのである。

幕府はさらに長州にたたみかけ、第二次幕長戦を進発することになった。龍馬は書状で「容易ならざる企有之候」と伝えているように、幕府は長州が外国人と手を結ぼうとしているとして、長州征討に動いていた。

さらに龍馬は、横浜のオランダ総領事ファン・ポルスブルックへの詰問と陳弁にふれ、下関に交易場を開くことが判明したという。龍馬の情報通ぶりには目を見張るものがある。

池田屋内部（古写真）

長州は西洋式――調練見物はおもしろい

権平、乙女、おやべ宛て・慶応元年（一八六五）九月七日

西洋火術ハ長州と申べく、小し森あれバ、野戦鉋台あり、同志を引て見物甚《はなはだ》おもしろし

（西洋式砲術といえば、長州だ。少し森があれば野戦用の砲台がある。同志を率いて見物したが、とてもおもしろかった）

長州では三、四百人をもって一大隊とし、一大隊ごとに総監参謀を置き指揮をとらせていた。西洋の調練を村々でもさかんに朝早くから練兵する姿がみられ、日本中でも長州ぐらい調練に取り組んでいるのは皆無であり、山といい、川といい、谷といい土塁が築かれ敵の侵入を防いでいた。たいていの道路には地雷がしかけてあった。

長州の兵制改革に着手したのは、大村益次郎である。慶応元年(一八六五)五月四日、桂小五郎(のち木戸孝允《きどたかよし》)の命で山口に赴き、このとき「防長二州一和および民政軍政」の整理について建言した。これから長州藩を建て直すには国民皆兵でなければならず、武士だけで藩を守りきることはできないというのである。

桂は大村を軍政の責任者に選んだ。まず大村は藩兵の統合整理をした。高杉晋作のクーデターに応えて萩でいち早く結成された干城《かんじょう》隊を中心にして、奇兵隊《きへいたい》など身分を廃した士農工商混成部隊の諸隊千五百人をもって再編成し、これを藩の正規軍と位置づけた。

軍備は和式から洋式に装備替え、小銃は元込装条銃《もとごめそうじょうじゅう》とし、そのための西洋調練を行った。井上馨《いのうえかおる》、伊藤博文を長崎に行かせ、龍馬の亀山社中《かめやましゃちゅう》を通じてグラバー商会から小銃を購入した。この際、龍馬は薩摩名義で武器を購入し、長州に横流しするという形をとった。長州は慶応元年だけで一万挺を超える小銃を装備させた。

また大村は、萩小郡に鉄砲や弾薬の製造所を数カ所設けた。いくら良質の銃をもっていても弾薬がなければならない。弾を自前でつくったことは、藩の兵制を充実させる上で重要なことであった。龍馬は同志を引き連れて視察して、おもしろいと感想を述べている。

盟友桂小五郎——人物なしといえども、長州には桂がいる

権平、乙女、おやべ宛て・慶応元年（一八六五）九月七日

当時長州ニ人物なしと雖《いえども》、桂小五郎ナル者アリ。故ニ之ニ書送リケレバ、早速ニ山口ノ砦《とりで》を出来リ候

（前は長州に人物はいないと言ったが、桂小五郎という者がいる。この人に書状を送ったところ、すぐに山口に砦ができましたよ）

桂小五郎は龍馬より二歳上で、長州藩医の和田昌景《わだまさかげ》の子として生まれ、のち桂九郎兵衛の養子となった。したがって純粋な武士の子ではない。龍馬同様、剣術が好きだったが腕前はたいしたことはなかった。

よく吉田松陰の弟子のようにいわれるが、個人的に兵学を学んだにすぎない。私費で江戸

遊学し、剣術で神道無念流《しんとうむねんりゅう》の斎藤弥九郎《さいとうやくろう》の信望を得て練兵館《れんぺいかん》の塾頭になった。さして強くない桂がなぜ塾頭に推されたかであるが、剣術の試合は勝負の世界、つねに勝てるわけではない。三千名にのぼる門人をまとめるには組織力が必要であり、その資質のある人物として、斎藤は桂を抜擢した。桂は剣術の実力を自覚していたのだろう、戦闘におよびそうな危険を感じるとサッと逃げるのがつねで、同志から〝逃げの小五郎〟と呼ばれた。

龍馬が桂と意気投合したのは、桂の行動がユニークであったことや、女性好きで、都々逸《どどいつ》の名人と呼ばれる粋人だったからであろう。

長州人は議論好きだが、議論倒れになりがちだ。だが、桂だけは別であった。龍馬が桂に書状を送ったところ、すぐに山口の防備ができ、長州人にはめずらしく実行力があると感心したという。

元治元年（一八六四）、禁門の変で長州が幕府に大敗したのち、桂は京都から但馬出石《いずし》に潜伏していたが、慶応元年（一八六五）四月、下関に帰った。すぐさま中岡慎太郎と会談をもち、薩長同盟が模索された。龍馬はこの年の閏《うるう》五月、下関に行き、桂を山口から呼び寄せて薩摩と同盟の密談を画策して西郷隆盛を待ったが、西郷は下関には来ず、京都に直行してしまった。おそらく西郷は、下関で密談すれば長州寄りの同盟にされると懸念したのだろう。結局、同盟は龍馬の仲介で半年後に京都で成立した。

桂小五郎(木戸孝允)

長崎で稽古——秀才であっても誠がなければならない

乙女、おやべ宛て・慶応元年（一八六五）九月九日

廿人計《にじゅうにんばかり》の同志引つれ、今長崎の方ニ出、稽古方仕《つかまつ》り候。御国より出しもの、内一人西洋イギリス学問所ニいりおり候

（二十人ほどの同志を率いて、今長崎の方に出て演習をしております。土佐から出てきたうちの一人に、西洋のイギリス学問所にいる者がおります）

慶応元年（一八六五）八月、龍馬の弟子の近藤長次郎は長州藩主毛利敬親に拝謁を許され、汽船購入周旋を依頼された。

近藤は龍馬より三歳下で餅菓子商の大黒屋伝次の長男であった。幼少より学問好き、叔父の門田兼五郎について学び、のち河田小龍について世界観を知った。江戸では儒者の安積艮《あさかごん》

斎《さい》、高島秋帆《たかしましゅうはん》に西洋砲術の指導を受けた。勝海舟の神戸海軍操練所設立にともない大坂に出て、文久三年（一八六三）九月、大和屋弥七の娘徳と結婚し、長男百太郎をもうけている。とくに商売上手なことから龍馬の命を受け、長崎の亀山社中時代には武器購入の際、グラバーと商談を成立させた。その成功報酬でイギリスに渡航することを同志に無断で決めた。慶応二年（一八六六）正月、密航することが同志の知るところとなり、咎《とが》められて切腹させられた。龍馬はお龍に「己が居ったら殺しはせぬのじゃった」と残念がったという。「術数有《あり》あまって至誠たらず」（手帳摘要）というところであるが、とかく頭のきれる者は、己れを過信して失敗するものである。

龍馬は勝海舟の海軍操練所廃止にともない、慶応元年（一八六五）五月、長崎で亀山社中を設立したが、文中の二十人ばかりの同志とは、このことをいっている。

商売にはまず西洋、特にイギリス研究が必要として、語学や航海術など全般にわたり取り組んだ。

臨済宗中興の祖と称された江戸中期の禅僧白隠《はくいん》が「暫時《ざんじ》も在らざれば死人におなじ」と、つねに油断なく努力しないと死人と同じであると戒めたように、龍馬は同志と汗を流すことはいとわなかった。

天下をめぐる——時が来れば一挙に旗揚げすべし

乙女、おやべ宛て・慶応元年（一八六五）九月九日

私しハ一人天下をへめぐり、よろしき時ハ諸国人数を引つれ、一時ニはたあげすべしとて、今京ニありけれども五六日の内又西に行つもりなり

（私は一人で天下をめぐり、時機がくれば各地から出てきた者を引き連れて、一挙に旗揚げしようと思って、今は京にいますが、五、六日のうちにまた西の方に行くつもりです）

長崎での亀山社中の日々は同志と糊口《ここう》をしのぐものであった。天下国家を語って各地をめぐると世の中が不思議とみえてくる。同志を連れて闊歩《かっぽ》する姿は絵になるが、それゆえ生計を立てなければならない重圧と責任感も背負わなければならない。龍馬の性格からして生き

ることに気負いはないが、時流に流され初志貫徹が達せられないことほどつらいことはない。

この年、東奔西走の龍馬は薩摩に入って西郷隆盛、小松帯刀《こまつたてわき》を相手に薩摩と長州の和解工作を周旋していた。両藩とも外様大名であるが、薩摩は幕府寄りの藩論をもって、十一代将軍家斉《いえなり》、十三代将軍家定《いえさだ》へ御台所《みだいどころ》を送る縁組で権勢を誇った。一方の長州は、幕府とつねに対峙《たいじ》してきた。おのずと両藩は犬猿の仲、水と油のごとく、交わることはなかった。

龍馬は精力的に薩長和解を説き、奔走した。五月十九日、肥後の横井小楠、同二十四日、大宰府で三条実美《さんじょうさねとみ》に謁見し、さらに三日後に五卿に謁見して熱弁をふるった。龍馬は「大風呂敷」とまわりから呼ばれたが、まず人を説得しなければ賛同は得られない。民主主義の原点である。

結論が出れば同志と一旗あげて、新生日本のために一働きも二働きもするエネルギーはあると自負する。とにかく行動である。流した汗の分だけ天は認めてくれ、夢は必ず叶うはずである。龍馬の言動に同志は勇気づけられ、自らが日本を動かしているという実感を味わっていた。龍馬は人を口車に乗せるのがうまい。薩長和解のためには、藩のこだわりを捨てさせることだ。

大馬鹿もの――ぐずぐずしてただ日を過ごすな

乙女、おやべ宛て・慶応元年（一八六五）九月九日

じつにおくにのよふな所ニて、何の志ざしもなき所ニぐずぐずして日を送《おくる》ハ、実ニ大馬鹿ものなり

（土佐のような何の志もないところでぐずぐずして日を過ごすのは、実に大馬鹿者だ）

龍馬は生まれた土佐をバッサリと斬り捨てた。土佐であれこれ思案していても所詮、藩内のこだわりばかりで前進も進歩もない。少しの時も無駄にしたくない。「土佐の龍馬」ではなく、「日本の龍馬」になりたい。

土佐は身分制度がことのほか厳しく、外には格式ばって山内家の体面ばかりをつくろう。兄権平は口グセのように「お家大事に至らぬように」と気配りばかりを考えていた。

だが、これは大かた、どこの藩も同様であった。大坂冬の陣が起こった慶長十九年（一六一四）の全国の大名数は、百九十五家であった。慶応元年（一八六五）には二百七十一家で、約二百五十年の間に七十六家増えた。本家から分かれて分家したこともあるが、一方で失策の責任、朝廷への不敬などを理由に除封《じょふ》あるいは改易《かいえき》されたものは天保から慶応にかけて十四家あり、幕府の領地となった。その領地が旗本らの昇進につながり、外様の小藩は苦しい立場にあった。幕府役人の顔色ばかりをうかがう日和見《ひよりみ》主義になった。

譜代の彦根藩であっても、井伊大老が暗殺された桜田門外の変の責任を取らされ、文久二年（一八六二）十一月二十日、藩主井伊直憲《いいなおのり》は三十五万石を十万石減封されている。

それでも幕府の財政は苦しく、幕政改革は進まない。財政は国の要《かなめ》なのにすべて先送り。貧しさが美徳のように思われ、社会全体に閉塞感が漂っていた。

そんなときに土佐藩の中で志ももたず議論ばかりして日々を送るなど実に大馬鹿ものばかりであると龍馬は嘆いた。

無駄死には損失——つまらぬ死に方はしない

池内蔵太家族宛て・慶応元年（一八六五）九月九日

夫《それ》よりたがいにさきぐの事ちかい候て、是より、もふつまらぬ戦《(ママ)》ハをこすまい、つまらぬ事にて死《しぬ》まいと、たがい二かたくやくそく致し候
（そのときからお互いに将来の事を誓いまして、これからはもうつまらない戦いを起こすまい、つまらない事で死ぬまい、と互いに固く約束し合いました）

この書状は、同志池内蔵太《いけくらた》の家族に宛てたものである。内蔵太は文久三年（一八六三）五月、藩命で入洛していたが脱走し、この一件で家督断絶、家屋没収された。龍馬は池の家族を気づかい、内蔵太の近況を伝えた。

内蔵太は慶応二年（一八六六）春に海援隊の前身である亀山社中に加わっているが、その

中にあってもつねに勇猛さがあり、物事に対し明敏沈着であった。

国家を動かすのは一部の人物だけと思われがちだが、そうではない。すぐれた人材が多く輩出されなければならない。議論するだけでなく、実践が肝心である。その点、池は国家というものを真剣に考え、同志と心を合わせて尽力しようという希望をもっていた。

同志と議論を交わすことは知識を共有することである。龍馬は情報を飛耳長目、つまり耳を飛ばして情報を集め、長い目をもって行動に移した。無駄死には日本のためにも多大な損失である。

物事を見極め実践に努めたい。それには無益な戦いだけは避けたい。内乱は国力を落とすばかりか、人心も麻の如く乱れ無益である。二人はこのことに固い約束を交わしたという。

金平糖の鋳型――ヘヘラヘヘラ日向ぼっこ

乙女、おやべ宛て・慶応元年（一八六五）九月九日

おやべがこんぺいとふのいがたが、おしろいにてふさがり候ことと察《さつし》いり候。ねこおいだき西のをくのゑんニて、ひなたぼっこふ大口斗《おおぐちばかり》へヽラヽヽさつしいり候

（おやべが、金平糖の鋳型のようなおしろいでふさがっていることとお察ししております。猫を抱いて西の奥の縁で日向ぼっこしてヘヘラヘヘラ大口を開けていることも察しております）

龍馬の書状は実におもしろい。漢字、ひらがな、カタカナ、擬態語が入り交じる。おやべという女性に親しみをこめて冗談を加えて茶化す。茶化された者は、怒るどころか

思わず笑い転げてしまう。堅苦しさがないのが龍馬流の伝達法である。

書面の「おやべ」はいったい何者か。「曾《かつ》て龍馬の乳母《うば》たり」（『坂本龍馬』千頭清臣著）とあるが、元治元年（一八六四）六月二十八日付の姉乙女宛てでは「おやべどの八早、子ができたなどゝ申人あり」とあって結婚したような内容で伝えている。龍馬三十歳で乳母とするならば子ができるわけがない。乳母はありえないという説もある。おやべが年老いたにもかかわらず結婚したということは後妻に入ったのではないか、龍馬流の茶化しで子ができるとからかったのではないだろうか。

長崎の出島では、遊女の揚代を長崎奉行に砂糖で支払い、奉行は揚屋には税を抜いて支払い、さらに店が遊女に支払ったときには三分の一ぐらいになったという。

砂糖を火で煎《い》ったものが金平糖。語源はポルトガル語で、すでに四百年前の桃山時代に渡来した高級菓子で、長崎でさかんにつくられた。米が金のように輝くということから金米糖とも書く。長崎奉行は朝廷や幕府に献上し、十四代将軍家茂や和宮は食べすぎて虫歯になったという。朝廷では金平糖を、維新後はボンボニエールの器に入れて祝いの席の贈り物とした。

おやべは金平糖の鋳型で固めるようにおしろいで塗り固め、猫を抱いて縁側に座り込んで世間話でもしていることと察している、と龍馬はつづった。

三人の女性――深い愛をそそぐ

文《ふみ》開く衣の袖はぬれにけり
海より深き君が美心《まごころ》

(手紙を開封する衣の袖が涙で濡れるほど、あなたの心は海より深く美しい)

龍馬をめぐる女性をあげれば、まず初恋の相手の平井加尾《かほ》である。高知城下きってのマドンナだった。

平井直澄の娘で教養ある才女であったことから、安政六年(一八五九)に元藩主の山内容堂の妹友姫が公卿三条公睦《さんじょうきんむつ》に嫁いだ際に御付役として京都に入り、公睦病没後も文久二年(一八六二)まで三条家に仕えた。

その後、剣術修業で江戸に行った際、小千葉道場で千葉佐那に恋をする。龍馬は文久三年

（一八六三）八月十四日付の乙女宛の書状で佐那にふれ、「今年廿六歳ニなり候。馬によくのり剱も余程手づよく、長刀も出来、力《チカラ》ハなみ〳〵の男子よりつよく（中略）かほかたち平井（加尾）より少しよし。十三弦《じゅうさんげん》のことよくひき」と、いずれが菖蒲《あやめ》か杜若《かきつばた》か、両手に花といった内容である。

龍馬の三番目の女性はお龍であった。名前が自分と同じで、「まことにおもしろき女」と姉乙女に報じた。九歳下のお龍は、楢崎《ならさき》将作《しょうさく》という医者の長女で、京美人のはんなりしたところに一目惚れした。

龍馬は姉乙女を女性の鑑《かがみ》として、これら三人の女性を愛した。

「海より深き君が美心」とは、お龍からの書状に無骨な龍馬が心を奪われたことであろう。

心の支えお龍——危ないときに助けてくれた女性

乙女、おやべ宛て・慶応元年（一八六五）九月九日

私のあよふき時よくすくい候事どもあり、万一命あれバどふかシテつかハし候と存候《ぞんじ》。此女乙女姉をして、しんのあねのよふニあいたがり候。乙大姉の名諸国ニあらハれおり候。龍馬よりつよいというひよふばんなり

（私が危ないときによく助けてくれたこともあり、もし命があればどうにかしてそちらに遣わそうと考えております。この娘は乙女姉さんを本当の姉さんと呼んで会いたがっております。乙女姉さんの名は全国に轟いております。私より強いという評判ですよ）

幕末の志士は、女性の支えで奔走できたといっても決して過言ではない。桂小五郎と幾松《いくまつ》、

高杉晋作とおうの、龍馬とお龍。龍馬は危険なとき幾度となくお龍に救われたという。そこから恋がめばえたとしても当然である。

龍馬とお龍が出会った正確な時期は諸説あるが、文久三年（一八六三）春以降が定説となっている。乙女宛で「大ニ、セ話ニなり候」とつづっていることから、土佐の志士らに援助をおしまなかったお龍の父楢崎将作を慕って出入りしていた。そんな関わりから龍馬もお龍と出会ったのだろう。

龍馬は姉乙女に、もし命があったならば何とかして土佐に行かせるつもりである。お龍は心より乙女さんのことを本当の姉のように慕って会いたがっている。乙女姉さんの名声は今や全国津々浦々に行きわたっている。龍馬より強いという評判だ、と言っている。

龍馬はもちあげるのが実にうまい。姉だってほめちぎられ、おだてられればうれしいに決まっている。その隙をついて、お龍にどうか帯か着物をプレゼントしてやってくれませんかと頼み込む。女性は贈り物に弱い。それも想いのこもった贈り物であれば最高である。

お龍も乙女のことを龍馬から聞かされて、楽しい姉さんで、自分と性格が似ていると思ったのだろう。お龍は乙女さんからのプレゼントを心待ちにしていると言っている。

お龍は京のはちきん（おてんば）、乙女は土佐のはちきんである。

こぼれ話⑤　時代遅れのアイテム

土佐では朱鞘の長刀を帯び、志士気取りで城内を闊歩することが流行した。どの時代も流行に敏感なのは若者だ。反社会の手段として若者らはファッションで自己主張をくり返す。ほとんどは意味はないのだが、時代をリードしていると錯覚する。ファッションはファシズムに通じ、同じものを着ることで同一の心理状態がそこに生まれる。

龍馬率いる海援隊士は、こぞって白袴をはいて隊士であることを誇った。新選組のダンダラ羽織も忠臣蔵をイメージしてまわりの者を畏怖させる心理的戦略として用いた。

龍馬は流行には敏感であった。江戸遊学に際しても父八平から渡された訓戒書に「流行を追って金品を使うでない」と釘をさされている。

だが龍馬は、「もはや長刀は時代遅れよ」と短刀を帯びて同志に自慢した。そこで同志も短刀を手に入れ自慢すると、「もうそれも時代遅れよ」と懐中より短銃を取り出し、空に向け一発、パーンと撃ってみせた。そのかっこよさに同志も短銃を入手して龍馬にみせたところ、龍馬はニコニコ笑いながら、「それはもう時代遅れよ。これからはこれをもとに外国とつき合うべきだ」と言って、「萬国公法《ばんこくこうほう》」という法律書をみせた。人より一歩先を見据える龍馬の発想があらわれたエピソードである。時代は流れている。立ち止まれば完全に取り残されてしまう。時代の読み方、歩み方を模索することがいかに大事かを、龍馬は行動をもって同志に示した。人の物まねでは、そこからは物まね以外に何も出てこない。自分流の生き方を発見すべきだ、と言いたかったのだろう。

龍馬が携えていた同型のピストル

「萬国公法」

長州再征――薩摩は独自の意見を貫く

池内蔵太宛て・慶応元年（一八六五）十月三日

先《ま》づ京師のヨフスは去月十五日将軍上洛、二十一日、一、会、桑、暴《にはか》に朝廷にせまり、追討の命をコフ。挙朝是にオソレユルス。諸藩さゝゆる者なし。唯薩独り論を立たり

（まず京の様子は先月の十五日に将軍が上洛し、二十一日に一橋、会津藩、桑名藩がにわかに朝廷にせまって長州追討の命を要請した。朝廷全体がこれに圧《お》されて許した。他に支える藩はない。ただ、薩摩藩だけが異論を申し立てた）

京師《けいし》とは都のことで京都の意。龍馬は地獄耳で情報通である。巷《ちまた》の噂として十四代将軍家茂が九月十五日に上洛したという。

家茂はこの慶応元年（一八六五）五月、江戸を出立《しゅったつ》して上洛し、御所に参内《さんだい》したのち大坂城に入っている。参内した理由については、一橋、会津、桑名が親幕派の孝明天皇に強く長州再征への勅許を下すよう迫っていた時期であるため、家茂はそれを催促するようなものであると龍馬はとらえていた。するどい勘である。孝明天皇は家茂の義兄である。

そしてついに九月二十一日、朝廷は長州再征の勅許《ちょっきょ》（許可）を出した。これにより、幕府は長州へ再征する大義名分がついた。天皇が命を下した以上、諸藩として疑義を訴えることはできなくなった。

幕府の真価を問う戦いが第二次長州再征であった。翌年六月七日、幕府軍艦が周防《すおう》大島を攻め、戦いの火ぶたが切られた。幕府軍は当初一方的に大島を攻め込んだが、後がつづかない。主戦力になるはずの薩摩が薩長同盟を前向きに考え出し、戦いに不参加となった。幕府からみれば寝返ったとみただろう。

孝明天皇

薩長の志――両方の志を通じさせよ

長府藩士 印藤肇宛て・慶応元年(一八六五)十月十二日

両方の志通じかね候へバ、何を申《もうし》ても共に国家をうれへ候所より成立候論なれば、両方の意味が通達して両方から心配して其よろしきおへら(撰)み候方よろしく

(両方の志が通じないが、何といってもともに国家を憂うところから成り立つことであるから、両方の意が通じて、両方から気にかけて適切な選択をするようにならないといけない)

この前文に「道路中うかゞい候事件」とあり、時期から薩長同盟か桜島丸条約の件と考えられるが、この月二十一日、龍馬は下関で桂と会談をもっており、内容から薩長同盟と推察

できる。

この書状の宛先は長州の長府藩士印藤肇《いんどうはじめ》。龍馬より四歳上で槍術《そうじゅつ》の名手、算術を得意とし、龍馬が長州人としていち早く出会った人物であった。

「両方の志」とは薩摩と長州の志であるが、かなりの温度差があった。薩摩と長州が新国家建設を前向きに論じあわなければ進展はのぞめない。まず両藩が正しい認識の国家観をもたなければならないと龍馬は考えていた。

とかく双方が会談しても、国に帰り議論をすると藩意識が前に出てしまう。そうした藩閥政治だけはできる限り避けたい。両藩が純粋に日本の将来を考えなければ、この同盟の成立は難しい。

両藩とも二百年以上も自藩の思惑にもとづいて幕府との政治を行ってきた。薩摩と長州は同じ外様大名でありながら犬猿の仲。正論をもって薩長に働きかけ、両藩が真の理解を示さない限り、無理に推し進めても百害あって一利なし、権謀術数渦巻く両藩にあって成立は不可能であると、龍馬は印藤に訴える。龍馬は両藩内の動向を綿密に調べあげて行動しており、思いつきで取り組んだわけでは決してない。

新選組退散——長州は虎口を逃れた

薩摩藩士 岩下佐次右衛門、吉井友美宛て・慶応元年（一八六五）十二月十四日

京よりミブ浪人同伴ニて帰りし、長人ハ虎口をのがれしと大《おおい》ニ笑《わらい》合《あい》候。上下一和兵勢の盛なる、以長《ちょうをもって》第一とすべく存候

（幕臣が京から新選組を伴ってやって来て帰ったので、長州人は虎口《ここう》を逃れたと大いに笑いあいました。藩の上から下まで一つとなり、兵の勢いが盛り上がっており、長州が第一の雄藩と考えてよいかと思います）

書面の「ミブ浪人」とは、近藤勇率いる新選組のことである。京都の壬生《みぶ》村の幕府浪人集団のことだが、龍馬の同志望月亀弥太が池田屋事件で近藤の手にかかり死んでいる。

新選組の組織力は幕府の軍団でもすぐれていて、隊士を各地から集め、増員をすばやく行

った。

近藤は江戸で北辰一刀流の伊東一派を募集すると、元治元年（一八六四）十二月、長州出兵を視野に入れたシフトに編成した「行軍録」をつくり、さらに翌慶応元年（一八六五）四月、新たな隊士募集によって百三十余名の大組織になった。再編成された一番隊から十番隊の上に伊東甲子太郎《いとうかしたろう》を参謀にすえ、長州再征にそなえ壬生寺で軍事調練を実施し、実戦に挑んだ。

長州再征となり、十一月四日、近藤は長州との会談のため、幕府大目付永井尚志《おおめつけながいなおむね》訊問使に随行して、隊士八名とともに西下した。このとき、近藤は国もとの佐藤彦五郎に決意の遺書を認めた。近藤は何ごとにも真剣に覚悟を決めてのぞんだ。やはり並の人物ではない。

十一月二十日、近藤らは広島国泰寺で長州代表と謁見し、長州入国要請を申し入れたが謝絶された。数回にわたる会談は実を結ばなかった。十二月十七日、近藤らは引き揚げたが、書状の「虎口」の文字があらわすように、長州にとって命がつながった思いであったのだろう。

恥を忍び、意を決し――桂小五郎を上洛させよ

印藤肇宛て・慶応元年（一八六五）十二月二十九日

山口の方へハ薩州人黒田了介と申人《もうすひと》参居《まいりおり》候故《そうろうゆえ》、此人とともニ桂氏ハ先日上京と承り候。其《その》桂ニ諸隊の者人物とよバれ候人を七八名も同行致セしよし申来《もうしきた》り候

（山口の方へは薩摩の黒田了介《りょうすけ》という人が参りまして、この人と桂さんは先日上京したと聞きました。その桂さんに諸隊の者のうち人物と呼ばれている人を七、八人同行させたという知らせがありました）

慶応元年（一八六五）十月二十五日、薩摩の小松帯刀と西郷隆盛は率兵上京した。幕府は十一月に、訊問使を広島に派遣し、外国からの武器の買い入れなどについて訊問した。

このころになると薩摩の動きが長州寄りになってきた。龍馬の画策が現実味をおびてくる。薩摩は同盟の必要性を痛感し、いよいよ小松と西郷は黒田了介（清隆《きよたか》）を長州に走らせ、桂小五郎（木戸孝允）の上洛を求めたのがこの書状の内容である。

黒田は龍馬より五歳下であったが開明的で、龍馬と気脈を通じた。文久三年（一八六三）七月、薩英戦争にはじめて加わった。この戦いでは、七隻の英国艦のアームストロング砲によって薩摩の砲台は壊滅的打撃を受けたが、暴風雨のおかげで英国側は弾、燃料が尽きて退散した。このとき砲術の必要性を感じたのだろう。この年の暮れに江戸の江川塾に入門し砲術の研究に努めた。つづく禁門の変でその実力を西郷らに認められたという。維新後は北海道開拓に取り組み、開拓顧問にケプロン、札幌農学校教頭にクラークを招いたことは有名。のち内閣総理大臣となっている。

この黒田は十二月はじめに下関に入り、そこで龍馬と会談、桂を一日も早く上洛させることで一致した。長州藩内には反対派もあったが伊藤博文、高杉晋作、井上馨らが上洛を強く訴え、桂は決意した。このとき桂は心情を「恥を忍び、意を決し」とつづっている。まさに日本が動きだそうとしていた。

薩長同盟の白眉の書――小松、西郷、木戸との取り決めに相違なし

長州藩士 木戸孝允宛て・慶応二年（一八六六）二月五日

表に御記被成候《おしるしなられそうろう》六條ハ、小、西、両氏及老兄、龍等も御同席ニて談論セシ所ニて、毛《すこし》も相違無之《これなく》候

（表に記された六カ条は、小松帯刀、西郷隆盛、および木戸孝允、私龍馬らも同席して論議したもので、少しもこれに相違することはありません）

龍馬の数ある書の中で「白眉《はくび》の書」といわれる薩長同盟の裏書である。慶応二年（一八六六）正月二十二日に薩長同盟を成立させた龍馬は、二十四日に寺田屋で幕吏の襲撃を受け、手を負傷したが、この裏書は、龍馬がその手の痛みをこらえ渾身《こんしん》の力を振り絞って書いたものである。まさに幕末史を彩るような朱書である。

薩長同盟は、薩長が武力討幕を目指すいわば軍事同盟。この成立の経過は多難で、その背景には龍馬のねばり強い信念があった。人それぞれ人生哲学があるが、龍馬の確固とした信念は土佐の風土が育《はぐく》んだものだ。

薩摩を代表する小松帯刀、西郷隆盛、長州の木戸孝允（桂小五郎）が、龍馬同席のもと、国家の再生をかけた同盟に賛同した。無私無欲の真理を開き直って熱弁する龍馬の姿に心を動かされたのである。

この同盟締結には、当初、中岡慎太郎らが積極的に工作にあたったが、その糸口すらつかめなかった。そこで龍馬に相談した。

藩の人間というものは、利害関係が生じなければ動かないものである。薩摩名義で武器を購入し長州へ流す。その見返りに長州から薩摩へは兵糧米の提供をする。両藩は互いに理解を示し、同盟へと動きだした。

その内容の六カ条は、長州再征がいかなる結果になろうとも薩摩は長州に協力し、また長州の権威回復を朝廷に働きかけるのに尽力すること。長州が戦争になっても薩摩は支援をつづけ、皇威回復にともに努めること。この同盟の裏には討幕への道筋が強く示されていた。

だが、新しい国家を目指す龍馬にとって、同盟は通過点にすぎなかった。

長州の木戸孝允は、同盟を反故《ほご》にされては水の泡と思い、龍馬に裏書を求めた。日本が動きはじめたことを薩長は確信した。

中岡慎太郎

西郷隆盛

寺田屋で急襲――龍馬を討ち取るとの上意

木戸孝允宛て・慶応二年（一八六六）二月六日

去月廿三日夜伏水ニ一《いっ》宿《しゅく》仕《つかまつり》候所、不斗《はからず》も幕府より人数さし立、龍を打取るとて夜八ツ時頃二十人計《ばかり》寝所ニ押込ミ、皆手ごとニ鎗とり持、口々ニ上意〱と申候ニ付

（先月二十三日夜、伏見に一泊しましたが、はからずも幕吏が来て、龍馬を討ち取ると言って夜八つ時ごろに二十人ほど寝所に押し込み、皆手に鎗《やり》などを持ち口々に上意であると言い……）

慶応二年（一八六六）正月二十一日、薩長同盟は成立した。二十三日夜、伏見の寺田屋にいた長府藩士三吉慎蔵と祝盃をあげているところへ、伏見奉行所の幕吏に包囲された。

龍馬は、午前二時ごろ寺田屋で幕吏に急襲されたと木戸孝允に伝えている。その数、二十名ばかりで、槍を持ち、「上意〱」と口々に言う。

入浴中のお龍の注進もあったが、龍馬は少しも動じず、冷静に幕吏と応戦した。長州の高杉晋作から上海みやげに贈られたピストルを三発ほど発砲した。

室内の戦いは、よほどうまく戦わないと不覚をとりかねない。野戦と違い死角が多く、刀を振りかぶれば胴を払われる。槍は突きをくり出せるが、長いゆえに的がしぼりにくい。

龍馬は部屋の死角をうまく使い、ピストルで幕吏数名を射殺した。火鉢の灰をまき散らして攪乱《かくらん》する。ところがピストルの取り扱いが不慣れとあって薬室を誤って落とした。幕吏はすかさず龍馬の右手を斬りつけ負傷させた。

書状にも「唯今《ただいま》ハ其手きず養生中ニて、参上と丶のハず」と木戸に伝えている。一説には、龍馬の懐手《ふところで》にしている写真のポーズは、このときの負傷のためといわれている。

この深手を負ったにもかかわらず、この書状を認《したた》めた前日に同盟の裏書を認《したた》めていることからも、この時期、龍馬は新しい国家構想に夢を馳せていたことがわかる。

木戸は「更に相分らぬ世の中ニ付」と龍馬に忠告する見舞文を同月二十三日書き送った。

遭難した龍馬が身を隠した伏見の材木倉庫(古写真)

薩長をつなぐ船——ユニオンに池を乗せたい

海援隊士・甥 高松太郎宛て・慶応二年（一八六六）三月八日

もしユニヲンのつがふが宜しいとなれバ、西吉、小大夫の方ハ拙者より申談候てつがふ宜く候

（もしユニオン号の都合がつけば、西郷吉之助、小松帯刀には私から言って都合をつけます）

龍馬から信頼厚い池内蔵太（細川左馬之助）を亀山社中の同志に加えたいと甥の高松太郎に送った書状である。

ユニオン号は三千トンの木製蒸気船で、英国のロッテルヒーテ造船所で建造された。慶応元年（一八六五）十月十八日、龍馬は近藤長次郎に命じ長崎でグラバーから薩摩藩名義で購

入し、薩摩藩では「桜島丸」と命名した。この取り引きには裏があり、この年閏五月、龍馬は長州の木戸孝允、伊藤博文、井上馨らと密談を下関でもち、長州が代金五万両を支払うが、薩摩藩旗をかかげ、運用は亀山社中が受けもつという桜島丸条約を結んだ。

だが、十一月に下関に入港させると長州藩海軍局は使用権を主張し、「乙丑丸《きちゆうまる》」と改名して中島四郎を総督つまり船長にした。その後も龍馬や高杉晋作らが調停に奔走したが、決着をみなかった。

交渉により慶応二年（一八六六）二月、薩長同盟締結後に西郷の依頼で長州から兵粮米《ひようろうまい》五百俵を同船で薩摩へ運ぶことになり、龍馬がこの仕事を受けもつことになった。そこで龍馬は池を高く評価し、ユニオン号の乗組員にするため、まわりの者に池を紹介して売り込んだ。「度々戦争致候ものなれバ、随分後に八頼《たの》も敷《しき》ものとも相成候べしと楽居候」とことのほか期待を寄せ、「西吉、小大夫」つまり西郷隆盛、小松帯刀にも、今までの池の戦歴なども紹介し乗組員となることを相談したいと高松太郎に伝えた。

龍馬は人材を人財と考え、有能な者を引き立てることを心がけていた。

第二次幕長戦――やじ馬をさせてほしい

木戸孝允宛て・慶応二年(一八六六)七月四日

> 下の関ハ又戦争と弟思ふに、どふぞ又やジ馬ハさしてく礼《れ》まいかと
>
> (下関ではまた戦争になると私は思っておりますので、どうぞまたヤジ馬をさせてくれませんか)

龍馬は何にでも興味を示す。第二次幕長戦の観戦記のような絵入り書状も書き残している。自らヤジ馬と称した。六月十七日、下関での砲撃戦は近代兵器による戦いで、龍馬にとっては興味津々といったところであった。

この戦いは四境《しきょう》戦争ともいい、芸州《げいしゅう》口、石州《せきしゅう》口、大島方面でも戦闘がくり広げられた。

下関の海上では高杉晋作が指揮をとっていた。七月三日、再度、下関海戦が起こったが、

山口から龍馬が下関に駆けつけたときにはすでに戦いの火ぶたが切られていた。晋作の見事な指揮で幕軍に勝利した。少ないチャンスをものにする晋作の姿を、龍馬は愉快にながめていた。

晋作は文久三年（一八六三）六月、下関で奇兵隊をつくり、長州諸隊でも異彩を放った。「奇兵」とは正規の武士ではない志ある者が身分を超えて構成する隊である。晋作は前年の文久二年に上海へ渡航して、イギリスの植民地となった現状を視察し、日本も二の舞にならないよう危機感をつのらせた。

晋作は龍馬と気脈を通じたが、二人の共通点は現場主義である。自分の目でたしかめて行動を起こす。単なる思いつきや風聞、伝聞で左右されることはない。また同志の起用には、志あるヤル気のある者を集めている。

長州にしろ、土佐にしろ、近代化に真剣に取り組もうとしていた。おそらく龍馬は、幕長戦などから長州の経済面をさぐっていたことだろう。その洞察力には目を見張るものがあった。

晋作は近代化こそ急務であると藩に訴えつづけ、龍馬の指導で軍艦、銃器をグラバー商会から購入した。

一方、土佐は後藤象二郎《ごとうしょうじろう》が岩崎弥太郎を開成館国産方に命じ、殖産興業に着手していた。長崎の土佐商会で約三十万両の利益を得た。しかし後藤は、その後、土佐商会の商いで莫大な負債を負うこととなった。したがって、土佐の近代化は長州に比べかなり遅れをとった。

高杉晋作

薩摩に策あり――動かないのにはわけがある

長府藩士 三吉慎蔵宛て・慶応二年(一八六六)八月十六日

薩ハ兵ハ動しながら、戦を未だせざるハ大《おおい》ニ故《ゆえ》あり。先ヅ難ズベカラず。幕のたをれ候ハ近《ちかき》ニあるべく奉《ぞんじたてまつり》存候

(薩摩は兵を動かしながら戦をまだしないのには、大いにわけがある。案じなくてよい。幕府が倒れるのも近いと思います)

長府藩士の三吉慎蔵に「近時新聞」として伝えた書状である。第二次幕長戦で幕府が長州に苦戦し、幕府の勝海舟もこの戦いは中止した方が得策と唱えたところ、会津藩と大激論となったという。

薩摩が薩長同盟のために出兵をひかえたことにより幕府軍の求心力は低下、会津藩が強行

策にうってでても、烏合《うごう》の衆では勝利に導けるものではなかった。城でも家でも衰えるときは、必ず中から揺るぎだすものである。幕府は薩摩、会津が主力軍である。薩摩の動向が戦いを左右する。

薩摩が動かなくなったのには、りっぱな理由があると龍馬は感じていた。政権担当能力のない幕府がいつまでも権力の座にしがみついているためである。

龍馬は長崎にいたころ、越前藩士下山尚《しもやまひさし》に秘策をうちあけていた。下山の記すところによると、「氏（龍馬）出テ迎ヘ坐久《ざひさ》シク談天下ノ事ニ及ブ。（中略）政権奉還ノ策ヲ速カニ春嶽公（松平慶永《まつだいらよしなが》）ニ告ゲ、公一身之レニ当ラバ、幸ヒニ済《すま》スベキアラン」（「西南紀行」慶応二年八月）とある。

龍馬は武力討幕より、松平春嶽から将軍に政権奉還の建白をさせようとしていた。「幕のたをれ候ハ近ニある」と明言しているように倒幕論をこの時期にめぐらしていたのである。

だが薩摩は、陋習《ろうしゅう》を打ち破り日本を再生するには武力討幕しかないと突き進んでいく。

社中経営難――死ぬまで一緒と言ってくれる者たち

三吉慎蔵宛て・慶応二年（一八六六）七月二十八日

私共長崎へ帰りたれバ又のりかへ候船ハ出来ず水夫らに泣〳〵《なくなく》いとま出したれバ、皆泣〳〵に立チ出るも在り、いつ迄も死共に致さんと申者も在候

（私たちが長崎に帰ったが、また乗り換える船を用意できず水夫らに泣く泣く暇を出したところ、皆泣きだす者もあり、いつまでも一緒で死をともにしたいと言う者もありました）

商売をすれば、いつでもいいときばかりとは限らない。亀山社中も経営難に陥り、苦しい胸中を長府藩士の三吉慎蔵に伝えた。龍馬の経営する亀山社中は、自らの所有船がない。航海術を身につけた技術集団である。現代の人材派遣のようなものだ。仕事がとぎれなく流れ

ているときはいいが、少しでもいきづまるとたちまち経営難となる。

龍馬は経営者であり、水夫は社員である。この雇用関係は信頼でのつながり以外の何ものでもない。何とかしなければと龍馬は思い悩むが、現実ではどうすることもできない。

長崎に戻っても次の船が確保できない。世の中を怨んでもしょうがない。龍馬は水夫らの生活を守るために必死に考えをめぐらすが、水夫らを泣く泣く解雇しなければならない。龍馬はどんなにつらくとも水夫の前でグチはこぼさなかったが、ともに汗を流してきた者と別れることほどつらいことはなかった。

「おゝかたの人数ハ死まで何の地迄も同行と申出て候て、又こまりいりながら国につれ帰り申候」。ある者は死ぬときまで一緒といってくれる。自分の行動を信じ、どこまでもついてきてくれる者に感謝したことだろう。経営には集団的結束がなければ、よい仕事もできなければ、よい成果も出ない。

仕事が好調なときは、人はどんどん集まってくるものだが、いったん陰りが出ると人は去る。だが、どこまでもついて行こうという者が多いということは、龍馬に魅力があり、その人間性がすばらしいという証明である。それはつねに同志と夢を共有していたからではないだろうか。

こぼれ話⑥　処士横議

志士の語源は「論語」の「志士仁人《じんじん》は生を求めて以て仁を害することなし、身を殺して以て仁を成すことあり」にある。

「仁人」とは思いやりの心を備えた人のことで、道徳的勇者のことである。要するに人の喜ぶようなことばかりをするのではなく、人のためになる行為をすることが、世の中をよくする。

本来の志士はそういうものに生きがいを求めるもので、決して仁をそこなうべきではない。自らを殺しても仁を貫くことを目的としなければならない。言いやすいがなしがたいのが現実であった。

志士が出現したのは賄賂《わいろ》が横行した田沼意次《たぬまおきつぐ》の時代といわれている。体制批判は藩を超え、身分の別なく処士横議《しょしおうぎ》として論議された。タテとヨコの人脈で天下国家を正論をもって論じあう、いわゆる「有志之士の徒」で、ここから志士が誕生した。

幕藩体制ではどこの藩も上意下達のタテ割り社会で、龍馬の生まれ育った土佐藩もそうであった。龍馬は藩を捨てることで、重苦しい身分制度から解放された。

横のつながりによるコミュニケーションが図られることで、共通の志をもつ同志が組織される。そして、そこから諸隊が結成された。龍馬の海援隊、中岡慎太郎の陸援隊《りくえんたい》がその代表である。長州でも五十六隊が組織されたものの、藩内の有志にとどまった。それに比べれば海援隊、陸援隊は各地から同志が加わっている。

タテとヨコをうまくつなぎあわせることにかけては、龍馬は天才であった。どうすれば実があがるか。商いで利益があがればまわりは豊かになる。

豊かになれば平和になり、商業がいっそう安定する、と処士横議をくり返し、夢を実現しようとしていた。

志士たち（前列左から、伊藤博文、大隈重信、井上馨）

吉井に同盟の礼――赤穂浪士の名刀を受け取ってほしい

吉井友美宛て・慶応二年（一八六六）十月五日

吾ガ為メニ尽候所、則《すなわち》、国家ニ尽ス所タルヤ明カナリ。仍而何歟《よってなにか》為酬之《これにむくいるがため》、吾所蔵致候、旧赤穂ノ家臣神崎則休遺刀無銘一口貴兄進上致候

（私のために尽くしてくれるのは、国家に尽くすためであるのは明らかである。だからこれに何かで報いたいが、私が所蔵するのは、赤穂浪士であった神崎則休《かんざきのりやす》の遺刀という無銘の刀一口だ）

薩摩藩士の吉井友実への書状である。元治元年（一八六四）、禁門の変後に二人は親交を結んだ。

「吾ガ為メニ尽」とは、薩長同盟に吉井が水面下で尽力してくれた返礼であった。尽力とは、

慶応元年（一八六五）四月五日、京都の吉井宅で土佐の土方久元《ひじかたひさもと》と龍馬を面会させ時勢を論じ合わせたことである。土方はこのころ、密かに中岡慎太郎らと薩長同盟について画策していた。

龍馬は同盟のことを耳にして国家のためになると賛同したという。吉井にも「国家ニ尽ス所タルヤ明カナリ」と、同盟は近い将来、国家建設の魁《さきがけ》になると伝えている。

武士たるものは、国家を第一に憂え、国のため、人のためになることを優先しなければならない。国益を損なう行為は断じて許すべきでない、と龍馬は信念を抱いていた。

龍馬は西郷や木戸のように藩を代表する者と違い、吉井は西郷のもとで下働きをしていた。このような者に対しても、龍馬は気配りをおこたらない。自らの所用刀を吉井に贈ることにした。この刀は無銘ながら赤穂浪士四十七人の一人である神崎則休の遺刀と伝えられる名刀である。龍馬は赤穂浪士の忠義をもって吉井を称えたかったのだろう。

吉井は龍馬が寺田屋で幕吏に襲われた際には救出に駆けつけ、また京都に入るときには一小隊を差し向けてくれた。翌慶応三年三月の龍馬とお龍の薩摩行の新婚旅行に同行し、自らの屋敷に泊まらせ湯治の道案内までしてくれるなど、つねに感謝していた。龍馬が数ある同志の中でも極めて信頼した人物が吉井であった。孫の吉井勇は歌人として名が知られた。

父母の国は思うが——情に流されて志を失いたくない

土佐藩士 溝淵広之丞宛て・慶応二年（一八六六）十一月

数年間東西に奔走し、屢々《しばしば》故人に遇《おう》て路人《ろじん》の如くす。人誰か父母の国を思ハざらんや。然ニ忍で之を顧ざるハ、情の為に道に乖《もと》り宿志の蹉躓《さち》を恐るゝなり

（数年間東西に奔走する中で、しばしば土佐の上士に会っても、関わらないでいたが、誰が故郷を思わないであろうか。だが、忍んで顧ないのは情のために道を踏み外し、長年の志を失うことを恐れるからだ）

龍馬は海軍をもって理想国家を建設するという野望を抱き、東奔西走した。

書状を認めた土佐の溝淵広之丞《みぞぶちひろのじょう》とは腹を割って話せる同志であった。溝淵も大局的に物

ごとを考える性格である。江戸遊学の際、龍馬同様に西洋砲術家の佐久間象山に学んだこともあって開明派であった。

慶応二年（一八六六）、溝渕は藩命で砲術修業のため長崎遊学中に龍馬と意気投合し、時勢を論じた。その際、しばしば旧友のことが話題になり、藩の上士の往来や藩を憂えることにおよんだという。上士とは参政の後藤象二郎のことと思われ、藩の実権を握り、その後ろには老公の山内容堂がいる。

書状では「小弟二男ニ生れ成長ニ及まで家兄に従ふ」ともある。坂本家の次男に生まれ兄権平のいうことに今日まで何でも従ってきた。今は無理をいって海軍の志のために飛びまわっているが、決して土佐藩を無視しているわけではない。初志を貫徹したい一心からである。今しかできないことは今やるべきであり、国家や藩のためになると思っている。

だが土佐藩の上士からは、龍馬の行動は要注意人物とみられていた。藩の立場は十分に理解はできるものの、念願の志がつまずきかねない恐れも心底にある。そのことを思うと気が重苦しくなる。

男子たるもの志を果たさなくてなんになろうか、と思うのである。君だったらあらためて私の志を一番わかってくれるだろう、と告げている。

仕禄を求めず——苦労覚悟で天下をめぐる

溝渕広之丞宛て・慶応二年（一八六六）十一月

是小弟長く浪遊して仕禄を求めず、半生労苦辞せざる所

（この龍馬が長く流浪して仕えず、禄を求めないで半生を苦労するのは覚悟のうえだ）

龍馬は西日本の主要都市に足跡を残している。京坂、長州、長崎、薩摩で、各地の一級の人物と親交をもつ。人の意見や考えを耳目の学でとらえた。

役人の中には、ことなかれ主義で苦労もせず責任を取らないものが多い。ひたすら上役人に気配りすれば、生活はひとまず安泰である。

天下を棲みかとする龍馬は、「仕禄を求めず」と、自分の糧《かて》は自ら調達する気構えである。

亀山社中をたちあげ、海軍と商売を直結させ利益をあげた。のち改称して土佐海援隊と発展させるが、龍馬は隊士に自らのもてる才能をいかんなく発揮させ、それぞれの道を夢につなげるよう叱咤《しった》激励した。

成功するか否かは、流す汗の量で決まる。もちろん、ただ努力するばかりではいけない。龍馬は同志と情報をうまく共有することで成功の糸口をみつけた。

苦労を苦労と思わないことが龍馬の偉大なところである。あらゆる困難を切り拓いて正道を進むことが真の誠の道である。忍の一字で歯をくいしばって、態度では楽しく振る舞うことも大切なのである。

海援隊士たち（左から３人目が龍馬）

銃の商い——騎兵銃を何とか手に入れたい

溝渕広之丞宛て・慶応二年（一八六六）十一月十六日

騎銃色々手を尽し候所、何分手ニ入かね候。先生の御力ニより候ハずバ外ニ術なく御願の為参上仕候

（騎兵銃をいろいろと手を尽くしていますが、どうしても手に入りません。先生のお力にすがるほかに方法がありませんので、参上いたします）

龍馬の商売は、人脈を巧みに使い、信頼で取り引きする手法である。長崎を舞台に亀山社中をたちあげた。長崎には出島があり、諸外国との窓口であった。

英国商人トーマス・ブレーク・グラバーと親密なる関係で銃の取引をおこなった。英国人は紳士だが、こと商売については渋い商いをする。グラバーは長崎に来る以前に日本研究を

おこたらなかった。まず世界の情報が入手しやすい上海に滞在し、日本の政情をみすえた。来日するや、日本人妻つるを娶《めと》り、親日家であることをアピール。西南雄藩の中でも名実ともに実力ある薩摩に急接近し、その重臣の小松帯刀に近づいた。薩摩藩では藩論が富国強兵策にもとづく近代化であったことも手伝って、グラバー商会を藩御用達《ごようたし》クラスの待遇で受け入れた。

だが、薩摩は外様大名で幕府からにらまれることを懸念し、龍馬の亀山社中に銃の取り引きを委託した。この事業の中で龍馬はアメリカの南北戦争（一八六一〜六五）の情報を得る。南北戦争の終結で使い古しの銃が安価で売買されている。これに目をつけた龍馬は、西欧の新品銃よりアメリカの中古銃に興味をもった。

書状の「騎銃」とは、南北戦争の騎兵銃のことと思われる。溝淵広之丞に入手先はないかと相談をもちかけている。騎兵銃の代表的なのはレミントン銃で、日本人の体格からして使いやすいという利点がある。龍馬は江戸で佐久間象山から西洋砲術を習い、熟知していた。溝淵も同門で銃に詳しいのである。知識がなければ商売は成立しない。

龍馬が慶応元年（一八六五）にグラバー商会で商った総額は、現在の約二十二億に相当するという。

天下の人物とは――維新を動かした人脈

権平、親類一同宛て・慶応二年(一八六六)十二月四日

徳川家ニハ大久保一翁《おおくぼいちおう》、勝安房守。
越前にてハ三岡八郎《みつおかはちろう》、長谷部勘右衛門。
肥後ニ　横井平四郎。
薩にて　小松帯刀。西郷吉之助。
長州にて　桂小五郎。高松(杉晋)普作。

龍馬のあげた人物は、維新の英傑ばかりで、当代の大人物と親交を結んだことになる。人脈の広さは、その人物のスケールの大きさを物語る。維新を動かした人物ばかりである。時の人は、物の見方が卓越している。大久保一翁に(忠寛《ただひろ》)は文久三年(一八六三)四月二日に会っている。このとき、松平春嶽の書状を持っていて「此度坂本龍馬に内々逢候処、

同人は真の大丈夫と存」、つまり龍馬を堂々たる男子であると称賛した内容だった。大久保も、勝海舟の門人である龍馬と沢村惣之丞の両人だけは殺してはならないといった。

龍馬の人生観を変えたのが勝海舟であった。海舟の人脈から、龍馬が接する人物の幅が広がった。越前の三岡は由利公正のことで、富国強兵策と財政通で意気投合した。長谷部は横井小楠に傾倒した開国論者で、春嶽が幕府の政事総裁職に就任するや、幕府はじめ諸藩の代表を相手に尊王開国を唱えた。

龍馬は、越前藩の政治顧問を務めた横井から政治学を学んだ。「船中八策」は横井の意見書の国是七条が基本になっている。勝から依頼された龍馬が、神戸海軍塾設立のための資金五千両を越前藩に打診したときも横井は立ち合っていた。

勝は海軍塾閉鎖にともない、薩摩の西郷に龍馬ら同志を託した。西郷と小松は、龍馬らの海軍の知識を評価し、グラバー商会との取り引きのすべてもまかせた。

長州の桂（木戸）と高杉は薩長同盟や幕長戦で親密な関わりあいがあった。龍馬のどの人脈が欠けてもあれだけの業績は残せなかっただろう。

徳川のためにならぬ――長州薩摩の間を往来

権平、親類一同宛て・慶応二年（一八六六）十二月四日

幕府大目付某が伏見奉行へ申来るに八、坂本龍馬なるもの八決而《けっして》ぬすみかたり八致さぬ者なれども、此者がありて八徳川家の御為にならぬと申て是非殺す様との事のよし。此故八幕府の敵たる長州薩州の間に往来して居との事なり

（幕府大目付の某が伏見奉行へ言って来たのは、坂本龍馬という者は決して盗み騙しをする者ではないが、この者がいては徳川家のためにならないと言って、是非殺すようにとのことである。この理由としては、幕府の敵である長州と薩摩の間を行き来しているためだとのことである）

龍馬は兄権平に自らのおかれている立場を伝えている。薩長同盟を成立させたが、そのことで幕吏に追われることになったという。幕府は市中では大捕りものはしたくない。龍馬が伏見に出るのを待っていたのであろう。大坂から来た幕府大目付が伏見奉行へ来て言うのには、龍馬は盗みたかりの者でないが、あの者を放っておくわけにはいかない。それは徳川家のためによくない者である。幕府転覆を企て薩長間を往来している。

龍馬はこのことを薩摩の小松帯刀と西郷隆盛らに話すと幕府もたいしたことはないと思ったのだろう、大笑いになった。幕吏のあわて者と出くわしたが大事に致らなかったことはよかった。龍馬が最もよろこんだことは、寺田屋で幕吏に襲撃された際、薩摩の西郷が自ら短銃に弾を込めて馳けつけてくれようとしてくれたことだった。西郷は薩摩を代表する政治家で、鬼神と呼ばれていると兄権平に伝えている。龍馬にすれば、徳川家のためにならない存在になるほど重要人物になったと誇らしげだった。

またこの書状の中で真実を語るには経験した者でないとわからないということのたとえとして、蒸気船のユニオン号（桜島丸）をもって長州で参戦したことにふれている。「一度やって見たる人なれば咄《はな》しが出来る」と、現場にいなければ本当の話はできないと現場力を説いている。実に龍馬らしい。

新婚旅行――霧島に遊ぶ

乙女宛て・慶応二年（一八六六）十二月四日

温泉二ともにあそバんとて、吉井がさそいにて又両《ふた》りづれにて霧島山《キリシマヤマ》の方へ行道にて日当山《ヒナタヤマ》の温泉二止マリ、又しおひたしと云《いう》温泉に行

（温泉で一緒に遊ぼうと言って、吉井の誘いでまた二人で霧島山の方へ行き、途中で日当山の温泉に泊まり、しおひたしという温泉に行った）

当時、日本ではめずらしい新婚旅行である。龍馬はお龍の手を引いて、温泉めぐりとシャレ込んだ。道先案内役を薩摩の吉井友実がかってでた。

龍馬の書状は武士らしからぬ内容で、ひらがな、カタカナ交じりの文章に、さらには絵まで盛り込み、相手にいかに伝えるかを理屈抜きで考える。気取ることもなくひたすら絵日記

の感覚で書きつづる。

この書状は、姉乙女宛てで、お龍との蜜月を自慢すると同時に、おそらく姉乙女にはこのような旅はできないだろうと思いやってつづった。

私も龍馬の旅をたどったことがあるが、自然美の中に名所旧蹟あり温泉あり、非常に満喫できた。

お龍との旅では、登山をしたり、途中で渓流釣りや短銃で鳥撃ちに興じるなど、それは楽しいものであった。薩摩入りでは軍艦に乗ったが、女性を船に乗せると沈むとの迷信があり、お龍を男装させたという。

二人にとってこれが最後の旅になるとは、誰も予想すらつかなかった。龍馬は苦しいときほど楽しく振る舞う。寺田屋で幕吏に斬られた両手の傷の痛みの治療も兼ねての温泉旅行であったが、乙女が心配することも配慮してか、この件《くだり》は一文もなく実に爽やかにつづる。

霧島山登山の様子を乙女に伝えた龍馬の書簡
（提供：@ＫＹＯＴＯＭＵＳＥ〈京都国立博物館〉）

おかんむりのお龍——猿廻しが狸一匹ふりすてて

こいわ《恋》しあん《思案》のほかとやら　あなど《長門》のせと《瀬戸》のいなりまち《稲荷町》　ねこもしゃくしもおもしろふ　あそ《遊》ぶくるわ《廓》のはるげしき《春景色》　ここにひとりのさるまハ《猿廻》し《し》　たぬきいっぴき《狸一匹》ふりすて、　義利《理》もなさけもなきなみだ《涙》　ほかにこころハあるまいと　かけてちかいし山の神　うちにいるのにこゝろのやみぢ《闇路》　さぐり〳〵て　いで、行

龍馬は粋人で、風雅を求めて音曲の流れる下関の廓の稲荷町に足繁く通った。これを詠んだのは慶応三年（一八六七）ごろと思われる。

慶応元年（一八六五）十二月、龍馬は下関に入り、木戸孝允と高杉晋作の三人で会談した。内容は薩長同盟をいかに成立させるかであったが、その際、高杉が龍馬をもてなそうと稲荷町の廓で宴を開いたのだろう。高杉の愛人おうのは源氏名を此《こ》の糸《いと》といい、稲荷町では一、

二を競う名妓であった。

以来、稲荷町の廓は、龍馬にとって夜の社交場であったのだろう。「ここにひとりの猿廻し」とは龍馬自身であり、「狸一匹」「山の神」は妻お龍のこと。龍馬はお龍の目を盗んでは花街の人となった。

「長府と坂本龍馬」（下関市立長府博物館蔵）には「時に政友と稲荷町に遊び、対酌談論し興に任かせて一宿して帰ることあり。おれう（お龍）頗《すこぶ》る懌《よろこ》ばず。龍馬また困す」とあり、女遊びで夫婦喧嘩が絶えることがなかったという。

龍馬はおかんむりのお龍を都々逸でかわした。

とんとんと登る梯子《はしご》の真中程で　国を去って薩摩同志　楼に上る貧乏の春　辛抱しゃんせと目に涙

「とんとんと」は、土佐吸江湾《ぎゅうこう》の三ツ頭で大坂行の船の出るところで、土佐を出て薩摩の同志となって奔走し、楼に出入りするにも懐は寒い、ここは耐えるしかない、と嘆く。「貧乏の春」はお龍がお春と称していたことをもじった。お龍がよほどこわかったのだろう。

金がなければ――金の尻で先生を煩わせる

下関大年寄 伊藤助太夫宛て・慶応二年（一八六六）十二月二十日

龍馬も今日ハ金がなけれバ其尻りハ伊藤先生おわづらハせんとす
（この龍馬も今日は金がないので、その支払いで伊藤先生を煩わせようと思います）

龍馬には人脈を通じて資金を引き出す才能があった。長崎の小曾根家、下関の伊藤家、京都の井口家などを拠点に活発に奔走した。

下関阿弥陀寺の大年寄の伊藤助太夫は、物心両面で龍馬への援助をおしまなかった。龍馬は伊藤家を拠点に下関の海軍事業「馬関商社」構想を目論んでいたという。この構想を伊藤は前向きに考えていたようである。二人の関係はこれを機に親密となり、伊藤助太夫は龍馬のすすめで九三と改名したほどである。

下関では伊藤家は本陣と呼ばれていたほどの豪商であった。伊藤は龍馬を誘い、馬関風流人の歌会にも一緒に顔を出していた。また、龍馬の蝦夷開発構想にも賛同し、調査として援助した。

龍馬は慶応二年（一八六六）の暮れから伊藤家の離れ部屋に寄寓して、花街・稲荷町で女郎と遊興したことでお龍と痴話ゲンカとなった話は有名である。

慶応三年九月二十日、下関に寄港した際、伊藤家でお龍と二日間を過ごしたのが二人の最後となった。

伊藤は龍馬の有力なパトロンの一人で出資者だったことに間違いない。龍馬の熱く語る構想を夢ごこちで聞き、理解を示したのだろう。お龍は伊藤家で龍馬暗殺を知らされた。

こぼれ話⑦　女傑お慶

龍馬が亀山社中を率い長崎で活躍していたころに、「女傑」と呼ばれた女性がいた。名は大浦慶《おおうらけい》といい、茶商として大成功をおさめ、店は三百五十坪、土蔵は三棟もあり〝お慶屋敷〟と呼ばれていた。龍馬はお慶のところへしばしば訪れるようになり、しだいに気脈を通じた。龍馬にグラバーを紹介したのも、一説によればお慶といわれている。

ある日、龍馬が三百両の借金を申し入れたところ、「担保はあるか」と求められた。龍馬にすれば担保があるぐらいなら人に金など借りることはないと思いつつ、相談の末、「じゃあ隊士一人を置いて行け」と言われ、担保に陸奥宗光がとられた。陸奥はお慶の背中流しをさせられたという。

お慶は長崎油屋町の老舗の娘として文政十一年（一八二八）に生まれた。十七歳のとき、親がきめた婿の幸次郎が無気力だと言って、結婚した翌日に百両を渡して離縁したという勝気な女傑だった。

家業を継ぐや、二十一歳の嘉永元年（一八四八）、長崎港からオランダ船に乗り込み、大きな茶箱にかくれて密出国した。以前から親しかったオランダ商人テキストルに頼み、上海からインドまで足をのばし、お茶を輸出するための現地調査を行ったという。この話は伊藤痴遊《ちゆう》著「政界表裏快談逸話」の中に出てくる。お慶は晩年語るに、上海にお茶の売り込みで行ったことは事実で、まったくのつくり話ではない。

その後、テキストルが東インド会社の重役になり、その帰国に際してお慶は、肥前嬉野《うれしの》の茶を見本にして、品質の良いものを上、中、下に分けて彼に預けた。

安政三年（一八五六）、開国にともない、テキストルを通じてイギリス商人オルトが直接、長崎に買いつけにやって来た。日本茶は七十二トンも売れた。それは日本茶が輸出された第一号だった。龍馬も、お慶から交易のおもしろさを教えられたのかもしれない。

「女傑」大浦慶は龍馬を援助した

宿敵後藤と会談――夜明けまで論じ合う

木戸孝允宛て・慶応三年(一八六七)一月十四日

重役後藤庄次郎(象二郎)一々相談候より余程夜の明候気色、重役共又竊《ひそか》に小弟にも面会仕候故、十分論申候

(重役の後藤象二郎とひとつひとつ談じているうちに夜が明ける様子であったが、重役たちがまたいつの間にか私に面会に来たので、十分に論じました)

後藤は龍馬より三歳下で、藩の参政という重職をになっていた。龍馬の同志が最も嫌った執政の吉田東洋は義叔父にあたる。東洋の影響から藩政をにないながらも卓越した見識があり、のち政商と呼ばれた岩崎弥太郎を登用し心血を注いだ。

山内容堂の側近として藩政を牛耳る立場から土佐勤王党とは対峙していた。後藤は一見保

守派にみられるが本心は開明派で、その点では龍馬と共通するところがあった。

後藤をそうさせたのは航海術の教育であった。文久三年（一八六三）、江戸の開成所で洋学と航海術など全般を修めていた。土佐勤王党を弾圧し藩論を公武合体にまとめあげた実績で参政の位置を得たが、その一方で長崎や上海に赴き、産業の推進に努めていた。

岩崎を藩の会計方にして長崎で龍馬らの海援隊の援助することにした。

慶応三年（一八六七）一月中旬、龍馬と後藤は長崎清風亭で会談し、議論を交わすこと明朝にまでおよんだという。二人は本心で国や藩の将来の意見を述べあった。過去を引きずる者に将来は語れない。「十分論ず」とある。

後藤は藩政の刷新を目論んで思いあぐねていた。財政面ではもはや藩の物産の鰹《かつお》、材木、紙などの取り引きでは限界にきていた。書状にも「土佐国ハ一新の起歩《きほ》相見へ」とある。

この会談についてはまわりから非難されたが、龍馬は国益を優先させるためには重要とみていた。

雄藩連合――幕府にとって役立たずの土佐

木戸孝允宛て・慶応三年(一八六七)一月十四日

当時ニても土佐国ハ幕の役にハ立不申《たちもうさず》位の所ハ相はこび申候。今年七八月にも相成候へバ、事により昔の長薩土と相成可申《あいなりもうすべし》と相楽《たのし》ミ居申候

(昔も土佐は幕府の役には立たないぐらいのところまできていました。今年も七、八月になれば、事によっては昔の長州薩摩土佐となりそうだと楽しみにしております)

土佐は藩祖一豊以来、徳川家の忠誠心を死守し藩論としてきた。幕府に批判的な立場をとることは、藩政をあずかる者として、歴代藩主の政治を批判することにもなりかねない。

十五代藩主容堂は、分家から本藩に入り藩主となった。雅号を「鯨海酔侯《げいかいすいこう》」としたように

鯨が酔っぱらうほどの大盃をあおる。酔えば勤王、醒めれば佐幕。意見が日替わりで下の者は迷惑千万であった。

この容堂のほか、越前の松平春嶽、宇和島の伊達宗城《だてむねなり》、薩摩の島津久光は四賢侯と呼ばれた。松平と伊達は名君であったが、容堂と久光は勤王の志士にとっても、幕府にとっても扱いにくい存在であった。

諸国を巡って直感したのだろう。これからは新しい日本を建設する連合組織をつくることが急務である。各藩の藩論のみでは日本の将来はない。それには大局的な見地から薩摩、長州、土佐の有力者が結集して雄藩連合をもって幕府をつぶすことにある。七、八月ごろにはたちあげたい。有能な人材をもって新政府を建ちあげるべきと木戸孝允に協力をこの書状で訴えた。

山内容堂

もし命があるなら——露の命ははかれない

姪 春猪宛て・慶応三年（一八六七）一月二十日

私ももしも死なななんだらりや、四五年のうちにハかへるかも、露《つゆ》の命ハはかられず

（私ももし死ななかったりすれば、四、五年のうちには帰るかもしれませんが、露のようにはかない命をはかることはできないよ）

兄権平の一人娘春猪《はるい》に宛てたものだが、龍馬流のからかいの中にも、ちゃんと人生訓を諭した内容となっている。

「こんぺいとふ（金平糖）のいがた（鋳型）に一日のあいだ御そふだんもふそふ（御相談申そう）というくらいのことかへ」と、年ごろとあって厚化粧をする春猪に、乳母のおやべのよ

うにあまり塗りたくると金平糖の鋳型のようになってどこに顔があるかわからなくなるからほどほどにしないと、男がみんな逃げ出しかねないとからかって忠告する。

人生いろいろ、生きていればよいことも、悪いことも経験する。龍馬の人生観として、生きるということは心配事ばかりなもので、「かま（鎌）でもくわ（鍬）でもはらハれず」とつづっている。そのときは真剣に悩み苦しむものだが、過ぎ去って冷静に考えれば、人生など紙芝居みたいなものである。龍馬のようなおおまかな男でも世間に翻弄されるのだから、土佐のような狭い国では、小さいことでもうるさくて仕方がない。

兄権平からいつ帰ってくるのかと催促されているが、馬の耳に念仏と、龍馬はまったく空返事であった。坂本家の次男だが、家に迷惑や心配ばかりかけている後ろめたさが心のどこかにあった。さすがにすまないと思ったのか、命ながらえていたならば、四、五年のうちに帰国するかもしれないと、随分気をもたせた一文である。でもあてにされては困るとばかりに、「露の命ハ」と、明日の命も保障されていないからやはりわからないと釘を差す。

実際、亀山社中が大変な時期とあって帰国など不可能に近い状態であった。亀山社中の事業は、主力が武器や軍艦の取引であり、商談を成立させるには人脈や政治力を使わなければならない。取り扱っている物が物だけに、命を狙われても不思議ではなかった。

かんざしの注文――図に描いて送ってくれ

春猪宛て・慶応三年（一八六七）三月二十四日

御ちうもんの銀の板うちのかんざしと云《いう》ものに、京打、江戸打と云あり、板打中にも色々の通り在之《これあり》、画図でも御こしなれバ、わかり可申候《もうすべく》

（御注文の銀の板打ちのかんざしというものには、京打ち、江戸打ちというものがあり、板打ちにもこの通りいろいろあるので、図に描いて送ってくれればわかりやすいのに）

龍馬は姪の春猪がかわいくてしかたない。「河豚《ふぐ》」と呼びながらも、なんでも聞いてやる。花街へ出入りすることが多かったため、舞妓のかんざしにも相当な知識があったのだろう。京風と江戸風があって京かんざしにも数種あり、四季折々の花飾りを挿している、と龍馬は

春猪に伝えている。

町娘や武家の娘が愛用するには、華美なものは避けなければと思ったのだろう。身分によって髪型も異なるため、武家の娘の髪型に合うものでなければ、兄権平からしかられる。

春猪はいろいろとかんざしの注文をつけたのだろう。龍馬は言葉ではわからないので所望するかんざしの図柄を送ってくれたならば、それにあったものを手に入れよう、という。春猪にすれば、すばらしい叔父である。

龍馬は流行に敏感で、志士が「アメリカ革わらじ」と呼んだブーツを入手し袴姿ではいた。

懐中時計は珍品だったが、それもアメリカのエルジン社製のチャンピオンを愛用していたという。西洋の法律書「萬国公法」も所持していた。なんでも時代を先取りしないと気が済まないというこだわりが、生活にもにじみでていた。

流行を追うのは他の開明的な志士らにもみられるが、高杉晋作は上海みやげに米国製のスミス・アンド・ウェッソンのピストルを龍馬にプレゼントしている。龍馬のような剣客にピストルは似合わないと思いがちだが、不思議とさまになった。春猪はそんな龍馬の見立てのかんざしを挿して自慢したかったのだろう。

王政復古に尽力――三条実美は天皇の補佐に

三吉慎蔵宛て・慶応三年（一八六七）二月二十二日

三条卿ハ御帰京の上ハ、天子の御補佐とならさせられ候よし、此儀ハ小松、西郷など決して見込ある事のよし

（三条実美卿はご帰京後は、天皇の補佐となられる。このことは小松帯刀、西郷隆盛にも理解してもらえる見込みがあるとのことです）

この書状は長州の三吉慎蔵宛てのもので、最近のニュースとして伝えている。「近時新聞」と題しているが、龍馬はすでに「新聞」の文字を使っていることにおどろく。

「三条卿」とは、文久三年（一八六三）の八月十八日の政変で七卿都落ちした急進派の公卿三条実美のことである。三条家と山内家とは姻戚関係にあり、山内容堂の正室は三条実美の

父実万の養女正《まさ》であった。また容堂の妹友姫が実美の弟公睦に嫁いだ際、龍馬の初恋の平井加尾が御付役女中となっていた。そんなこともあって三条実美とは親密な関係にあった。

後年、龍馬が京都で暗殺された知らせを受けた三条は、大宰府の幽閉先で龍馬の追悼祭を行ったほどであった。

孝明天皇は慶応二年（一八六六）十二月二十五日、天然痘で崩御《ほうぎょ》したため、明治天皇が慶応三年（一八六七）一月九日、十四歳の若さで践祚《せんそ》した。

薩摩の小松帯刀と西郷隆盛は、これらの状況から、若き明治天皇を補佐できるのは冷静沈着な三条卿しかないであろうと考えていたが、岩倉具視《いわくらともみ》らと武力討幕による政権奪取を画策しており、どの時期に幕府を討つかが問題になっていた。

一方、龍馬は、新政権を樹立するためにすみやかに将軍に政権を返上させる大政奉還を画策、いかに国力を低下させずに近代化を進めるかを模索していた。

武力討幕は内乱であり、諸外国の侵略を受けやすくなる。あくまで政権返上の倒幕をいち早く実行し、三条卿が補佐のうえ明治天皇が親政を行う王政復古を実現させるよう尽力しなければならないと、すでに一歩先を読んでいた。

蝦夷地へ同志を誘う——おもしろいことをお耳に入れます

因州藩士 河田左久馬宛て・慶応三年(一八六七)二月十四日

よほどおもしろき事、御耳に入候と相楽《たのし》ミ申候。其儀ハ彼《か》の先年御同様、北門の方へ手初《てはじめ》致し候事お、又、思ひ出たり

(おもしろいことをお耳に入れようと楽しみにしております。その件とは先年のときと同様で、北方の開拓することを、また考え出しております)

龍馬の蝦夷開発の夢は、宿願であったにもかかわらず実現しなかった。計画にあって資金調達でまず、つまずいた。また蝦夷は極寒の地であり、龍馬の率いる亀山社中はほとんどが西日本出身者であったため、体力的にはたして耐えられるかという課題などが山積していた。

この書状は因州藩士の河田左久馬に相談をもちかけ、賛同を得ようとしたものである。会

談のときには、おもしろいことをあらためてお耳に入れますので、是非機会をつくってほしいという。龍馬は同志を誘う際、必ず「おもしろいこと」と意味ありげにつづるクセがあった。

河田は龍馬と会うたびに蝦夷開発のことを話していたので、大抵のことは知っていたはずである。例の蝦夷地開拓のことを思い出し、なんとしても実現したいと訴える。

河田が龍馬から蝦夷開発の話を聞いたのは元治元年（一八六四）のことで、このとき龍馬は北添佶磨、北垣国道《きたがきくにみち》らの蝦夷行きを計画したが、池田屋事件で結局、挫折した。

今回の蝦夷行きを龍馬は三月中旬か、遅くても四月には出帆の心づもりでいた。そこで三月初旬までに河田に下関まで来てほしい、と伝える。

龍馬が河田という人物を評価したのは、長期的展望と緻密な計画のもとに行動するところにあった。こういうタイプの人物が龍馬のまわりにいない。蝦夷開発のパートナーに加えたかった。

河田もロシア南下政策に対する北方の海防と物産などの開拓の構想に少なからず興味をもっていたし、また兵庫の豪商廻船問屋の北風貞忠と親交をもち、理解を示していた。

世の中というもの――人間は牡蠣殻に棲んでいるものであるわい

乙女宛て・慶応三年（一八六七）四月初旬

世の中と云《いう》もの八かきがら斗《ばかり》である。人間と云もの八世の中のかきがらの中ニすんでおるものであるわい

（世の中というものは牡蠣殻ばかりだ。人間というものは世の中の牡蠣殻の中に棲んでいるものであるわい）

龍馬のたとえ話は実に軽妙である。各地を奔走していると、人の姿が不思議とみえてくる。所詮人生五十年、泣いても笑っても、苦しんでも喜んでも、一瞬のまばたきみたいなものである。生きていれば競い争うこともあろう。それで向上し、活路を見出すこともあろう。

自分なぞは浮木の亀同様、めったに水面に出てこない、とつづる。今にも腐りかけた木の

穴にもぐり込んで、自ら身を潜ませている、と。次々と難問が起こり、先はますます不透明で読めないことばかりだが、最近は妙な岩にぶち当ってしまって、がむしゃらにつかまり、やっと上がった。

幾多の活動が認められ、ついに脱藩も許され、今では土佐海援隊長にもなれたという。よくまわりを見渡すと、世の中は牡蠣殻ばかりで、その中に棲んでいるようなものである。ほとんどの者が狭い社会の中に暮らし、広い世界に目を向けようとしない。おかしな話ではないか、と龍馬らしくユニークにこきおろす。

一方で、世の中は捨てたもんじゃないともいう。去年、大極丸購入の際、七千八百両の支払いでヒイヒイしていたら、薩摩の小松帯刀が支払ってくれた。先日も一万五百両不足で悩んでいたら、思いがけなく後藤象二郎が援助してくれた。後藤もなかなかの人物だと同志も感心している。

捨てる神あれば拾う神もある。志高く誠実に一生懸命いい汗を流していれば、人は皆助けてくれるものだ、と龍馬は痛感した。

いろは丸事件——なにぶん女のいいわけのようで

お龍宛て・慶応三年（一八六七）五月二十八日

紀州の奉行《ブギョウ》、又船将《センシヨヲ》などに引合いたし候所、なにぶん女のい、ぬけのよふなことにて、度々論《ロン》じ候所、此頃ハ病気《ビヨウキ》なりとてあわぬよふなりており候得ども

（紀州藩の奉行や船頭などと交渉しても、なにぶん女のいいわけのようなことを言って、何度主張しても、この頃は病気と言って会わないようになっておりますが……）

慶応三年（一八六七）四月十五日、龍馬が乗るいろは丸は武器や貨物等を満載し、長崎を出帆した。馬関海峡から瀬戸内海を航海中、二十三日午後十一時ごろ、長崎に向けて航海中の紀州藩船明光丸と讃岐の箱崎沖で衝突した。原因は濃霧だった。

明光丸が八百八十トンであるのに対し、いろは丸は百六十トン。軍艦に漁船が衝突したようなものだ。いろは丸は明光丸の船首を右舷に受けて浸水し、ついに船首から沈みはじめた。龍馬は隊士の佐柳高次《さなぎこうじ》に命じ、明光丸に乗り移らせたが、前進しているいろは丸の船腹に明光丸が再び衝突した。いろは丸が沈没するのは時間の問題だ。龍馬は航海術の経験を生かし隊士を明光丸に移乗させた。適切な判断だった。龍馬は明光丸船長の高柳楠之助にいろは丸の曳航《えいこう》を頼み込んだが拒否され、まもなくいろは丸は黒い海に沈んでいった。

衝突事件の交渉のため、双方は鞆《とも》の浦《うら》にあがった。龍馬は書記の長岡謙吉を伴って臨んだが、紀州藩側はのらりくらりと即答を避ける。アメリカのハリスが日本の役人を世界一のウソつきと評したのと同様に、紀州の役人も言い逃れをくり返し、最後には藩命を理由に交渉を打ち切った。

龍馬は長崎の花街で「船を沈めたそのつぐないは、金を取らずに国を取る」と唄って流行《はや》らし、紀州藩をゆさぶった。大藩のメンツをかけた心理作戦に出たのだが、紀州の役人は病気を理由に交渉しない。ついに藩レベルの交渉に転じることとなり、五月二十二日、土佐藩から後藤象二郎が乗り出して八万三千五百二十六両で決着した。龍馬の心理作戦の勝利だった。お龍にその経過報告をしたのがこの書状である。

こぼれ話⑧　東洋の海上王・岩崎弥太郎

岩崎は龍馬より一歳上で、天保五年（一八三四）十二月十一日、土佐安芸《あき》郡井ノ口村一ノ宮に生まれた。父は弥次郎という地下《じげ》浪人だった。

地下浪人とは土佐藩独特の身分で、郷士株を売却してもなお四十年以上郷士職にあった者をいう。

岩崎は地下浪人といえども中級農家ぐらいの規模であったことが、現存する屋敷からもうかがい知れる。屋敷には日本列島を模した石組《いわぐみ》の庭が残されている。自作した庭からは、商道をもって日本を征服しようと岩崎が野望を抱いたと感じとれる。

はじめ伯父の小野順吉に学び、次に儒者小牧米山《こまきめいざん》に経書を学んだ。岩崎は、岩崎馬之助、宇田猛兒《うだたけじ》とともに「三神童」と呼ばれた。

二十一歳のとき、江戸遊学するが数カ月で帰藩した。江戸から土佐まで十六日間で馳せたという。

父が名主の宴でケンカとなって投獄され、岩崎はこれに対し奉行所をののしり、ついに父子で投獄された。そのとき岩崎は獄卒《ごくそつ》からソロバンを習い、獄人の商人から商道を学び、夢中になったという。何ごとにも努力をおしまなかった。

出獄して岩崎は重臣吉田東洋に登用された後、後藤象二郎に抜擢され、長崎、大坂の土佐商会をまかされた。

慶応二年（一八六六）、長崎で出会った龍馬から商いのやり方、情報の処理の仕方を耳目で学んだ。龍馬の生き方を実践したのが岩崎といっても過言ではない。維新後、三井と並んで新政府の財閥の双璧と呼ばれるようになった三菱財閥の基礎を築いた。

岩崎弥太郎

後藤こそ第一の同志——天下の苦楽をともにしております

権平宛て・慶応三年（一八六七）六月二十四日

国家ニ心配仕候人々ハ後藤象次郎、福岡藤次郎、佐々木三四郎、毛利荒次郎ニて、中ニも後藤を以て第一の同志致し、天下の苦楽を共ニ致し申候

（国家の行く末を考える人は、後藤象二郎、福岡孝弟《たかちか》、佐々木高行《たかゆき》、毛利恭助《きょうすけ》で、中でも後藤をもって第一の同志とし、天下の苦楽をともにしております）

龍馬のまわりを見渡せば、日本を動かした英傑ぞろいである。良友をもって天下国家を論じあう。だが、龍馬がこれまで宿敵としていた後藤を「第一の同志」と呼ぶこの書状を受け取り、兄権平はどう思っただろう。

後藤は藩のみならず、幕府の動向から日本の行く末まですべて視野に入れていた。龍馬は正論をもって人に接するから、相手の考えが手に取るようにわかる。後藤は単なる小役人ではない。今では土佐藩を代表する人物になっていた。たいがいの役人は自らの不利益なことは一切手をつけないが、後藤は反対の意見にも聞く耳を持ち、なすべきことは必ず実行した。龍馬はこういう実行力のある同志がほしかった。いろは丸衝突事件の解決一つとっても、後藤はきちんと処理をした。今の後藤は昔の後藤ではないというのである。

福岡孝弟は、龍馬と同じ天保六年（一八三五）生まれ。慶応三年（一八六七）に長崎に出張し、後藤と相談して龍馬の脱藩や海援隊の活動を許した。

佐々木高行も、役人として一級の人物という。薩土盟約の一件では龍馬や中岡慎太郎とともに尽力した。その後も、佐々木は海援隊の活動に物心両面で支援し、龍馬は何より彼の志の高さにほれた。龍馬が暗殺されたとき佐々木は「君がためこぼれる月のかげくらくなみだは雨とふりしきりつゝ」の弔歌を詠んでいる。

また毛利恭助は、剣術が巧みで、龍馬とは北辰一刀流玄武館《げんぶかん》で同時期に修行した。龍馬より一歳下で気がよくあったという。龍馬暗殺後、いち早く現場に駆けつけ、犯人の探索に奔走した。龍馬はこの三人と天下のために尽力したいと決意をあらたにした。

国家のために命をかける——天下のための志

乙女、おやべ宛て・慶応三年（一八六七）六月二十四日

私を以て利をむさぼり、天下国家の事おわすれ候との御見付のよふ存ぜられ候。又、御国の姦物役人《カンブツヤクニン》ニだまされ候よふ御申こし。右二ケ條《ヂヨヲ》ハありがたき御心付ニ候得ども、およバずながら天下ニ心ざしおのべ候為とて、御国より一銭一文のたすけおうけず

（私事として利を貪り、私が天下国家のことを忘れているとご覧になられているように思われます。また、土佐の悪役人に騙されているとおっしゃいます。それらはありがたい御心遣いですが、微力ながら天下のために志を抱いてのことで、土佐藩からの援助は一切受けていません）

姉乙女が言うには、国家のためと称しながら、龍馬が土佐の小役人と密かに手を組んで海援隊をもって小商いに奔走しているという噂が土佐で流れている。とかく妬み嫉む者がいるから、くれぐれも気をつけるようにと乙女は、龍馬に忠告する書状を送った。

龍馬は返書に、われわれ海援隊は天下国家のために日々汗を流し、援助は正式なものばかりである。隊士一人六十両（約百八十万円）ぐらいの人件費は必要になる。そのために商売をして利益を求めなければならない、と理解を求めた。志を実現するために奔走しているので誤解なきように、というところである。

龍馬は土佐の龍馬でなく、今や日本の龍馬になろうと努力している。天下大事の際は、一声をあげれば五百人や七百人は集めることもできる、と大風呂敷だが、意気込みが相当のものであった。国家のためなら一命を捧げる気概をもっていた。

藩や家族といっている場合でない。今や日本は大変なことになっていることを認識しなければならない。龍馬はこの時期、国家論を真剣に述べるようになっていた。

酒宴で倒幕——女軍との戦い

土佐藩士 佐々木高行宛て・慶応三年(一八六七)九月初旬

かぶらやの音おびたヽしく、既ニ二階の手すりにおしか丶りたり。別ニ戦を期せし女軍未来《いまだきたらず》。思ふニ是ハ我ガをこたるを待って虚を突かんとの謀ならんか

(鏑矢《かぶらや》の音がおびただしく、すでに二階の手すりにおしかかっている。戦いをしようとする別の女軍はまだ来ていない。恐らくこれは私が油断するのを待ってその虚を突こうというはかりごとだろうか)

同志である佐々木高行に送った書状である。当時、佐々木は土佐藩大監察《だいかんさつ》であり、長崎の土佐商会の責任者であった。

その佐々木を花街の丸山へ呼び出すため、倒幕の檄文《げきぶん》風につづった。酒宴を戦場にみたて、大将に佐々木殿ともちあげる。芸妓を敵軍とみて、倒幕の一戦と仮想し、いざ出陣する。だが芸妓の競艶《きようえん》におされそうだという。

歌舞お囃子《はやし》は鏑矢の音のごとくで、すでに敵を追い、二階座敷に駆け上る勢いである。別の芸妓の敵軍は、いまだ来ないが、虚を突こうと作戦をたてて待ち構えているようだ。龍馬は先手必勝よろしく、先鋒として出陣するつもりなので、ぜひ参戦して勝利に導いて欲しいと誘う。佐々木殿が勇と義をもって参戦し、志をもってこの一戦交えることを期待しています、という実に妙な酒宴への誘いである。明日を知れぬ命の洗濯とばかりに花街の人となる龍馬の様子を想像して、佐々木もただ笑い転げるしかなかっただろう。

幕末の英傑は、仕事もできるが遊びにかけても天下一品である。長州一の遊び人は高杉晋作、つづいて伊藤博文、木戸孝允、井上馨とつづく。土佐ではなんといっても龍馬だろう。右に出るものはない。薩摩では西郷隆盛や大久保利通も京都の祇園で遊んだ。

新選組の土方歳三、近藤勇も相当なものだった。

遊び心の中途半端な者は大成しない。何事もめいっぱいやることが大切だとばかりに、龍馬の酔う姿が目に浮かぶ。

大政奉還の成就——海援隊によって慶喜公の行く手を待ち受ける

土佐藩士 後藤象二郎宛て・慶応三年（一八六七）十月十三日

御相談被遣《つかわされ》候建白之儀、万一行ハれざれば固《もと》より必死の御覚悟故、御下城無之《これなき》時は、海援隊一手を以て大樹参内の道路ニ待受

（ご相談された建白の件ですが、万一実行されない場合は、もともと死ぬ気の覚悟であるので、城をあけ渡さないときは、海援隊によって慶喜公の行く手に待ち受け……）

龍馬には、公議政体にもとづく新国家建設構想があった。「船中八策」をもって、平和裡に政権返上を将軍慶喜《よしのぶ》にせまろうとした。世にいう「大政奉還」である。龍馬の意を受けた土佐藩の後藤象二郎は、老侯山内容堂に「船中八策」にもとづく大政奉還論を説いた。容堂

徳川慶喜

後藤象二郎

はこれは妙案として、越前の松平春嶽らと足並みをそろえる。

その一方、岩倉具視と薩摩藩はあくまで武力討幕をもって政権を奪取しようとしていた。将軍慶喜も幕府の衰退は著しく、どの時期にどういう形で天皇に政権を返上するか苦渋の選択を余儀なくされていた。

龍馬の献策した「船中八策」は、日本をどこまで刷新できるか。かつて何人かの幕臣が大政奉還を論じたが、そのたびにかき消されてきた。二百六十四年間連綿とつづいた政権を終わらせるには、大英断を要する。

この後藤宛ての書状は、慶喜の大英断を心待ちにする龍馬の心境を如実に伝えたものであった。この翌日、慶喜はついに大政奉還を二条城で行った。

この大政奉還は土佐藩主導型で、その鍵を握っているのは後藤であった。龍馬はこれが万一うまく進まなければ、必死の覚悟を決めている。どうしても進転しないときは土佐海援隊を動かし、登城する将軍慶喜に直に訴えるという実力行使も辞さないという。

一命をもってのぞみ、万一のときは後藤に黄泉《よみ》の国で再会を約するつもりでいた。龍馬にとって、一世一代の大勝負であった。

暗殺の企て――逃げ隠れはしない

土佐藩士 望月清平宛て・慶応三年（一八六七）十月十八日

萬一の時も存之候時ハ、主従共ニ此所ニ一戦の上、屋鋪ニ引取申べしと決心仕居申候

（刺客に襲撃されたときは、同志とともに一戦を交え、その上で土佐藩邸に身を移そうと心に決めております）

龍馬は幕吏から狙われていた。前年の寺田屋で捕手に囲まれた際、幕吏数名をピストルで射殺したいわば手配人であった。最近では先斗町《ぽんとちょう》近くの酢屋の一室に同志らと下宿していたが、ここも幕吏がかぎつけており、長州の木戸孝允からも注意をうながされた。

自分が京都に入った噂を聞きつけて最近では木屋町の土佐藩邸に幕吏がたずねて来たとい

う。肌身をもって龍馬は危険を察知した。

まわりの者は二本松の薩摩藩邸が逃げ込むにはよいと言うが、あまりにへんぴなところで、祇園など花街には遠く、寂しすぎる。どうにもしかたないときは、脱藩の罪で七日間謹慎したこともある土佐藩邸の世話になるしか、しかたがないだろうと思案していた。

坂本家の人々は、龍馬がどこにいるのか所在がつかめず、随分さがしていた。当の龍馬は天下国家を論ずる者が、保身のために身を隠すようではよい働きはできない、と平然としていた。

仕事は命がけでやらなければ、よい成果も得られない。こそこそと逃げまわる気はサラサラないという。

新選組から離脱した高台寺党《こうだいじとう》の伊東甲子太郎が、新選組が暗殺を企てていると忠告しに龍馬を訪れたが、天下国家の士である以上、逃げ隠れはしない、と言い、同席した中岡慎太郎は謝辞を伝えたという。

だが、その数日後、見廻組《みまわりぐみ》の手によって両雄は暗殺されてしまった。

龍馬らが暗殺された近江屋の二階（古写真）

商法のことは陸奥に──陸奥さえウンと言えば

海援隊士 陸奥宗光宛て・慶応三年（一八六七）十月二十二日

商法の事ハ陸奥に任し在之《これあり》候得バ、陸奥さへウンといへバ、金の事をともかくもかすべし

（商法のことは陸奥にまかせ、陸奥さえウンと言えば、ともかく金を貸してよい）

龍馬は海援隊の中で、二人の隊士にことのほか信頼をよせていた。一人は書記官の長岡謙吉、もう一人は陸奥宗光である。

もともと長岡は医者を目指していたが、文章力に秀でており、龍馬の政治構想の「船中八策」をまとめあげた。医者のカルテのように、誰がみても理解できる文章体で作成した。

陸奥は他の隊士としっくりいかない人物だったが、龍馬は陸奥の「商法の愚案」を一読し

て、彼の商法の知識を称賛した。商法のことはすべて任せるとまで言い切った。全幅《ぜんぷく》の信頼で部下にすべてを任せて仕事をさせる。任された者にはやりがいが生まれる。

海援隊の商取引でも、慶応三年（一八六七）九月の丹後田辺藩やオランダ商人ハットマンとのすべてを任せられた陸奥は、その才能を発揮した。「かりに二本差を取りあげても食っていけるのは陸奥ぐらい」と龍馬が評したほどであった。

海援隊約規には「海外の志ある者」を集めて、すべては隊長が総轄し責任を負うというものであったが、「修業分課」として自ら特技であるものを極めよ、と奨めた。たとえば法律、航海、語学など好きな道から入ればよい。好きこそものの上手なれ。やるからには最後まで極め、決して放り出してはならないと厳しく命じている。

修業することによって国際間感覚を身につけさせる。そして「世界の海援隊」に雄飛したいと、胸の内を龍馬は同志らと熱く語り合った。

あとがき

幕末の英雄といえば、坂本龍馬である。幕府と藩からなる世にあって、つねに時代を先取りした先見性に加え、決断力、行動力、組織力を兼ね備えた人物はめずらしい。

龍馬の生まれた土佐藩はことのほか身分制度が厳しく、藩論が公武合体であった中では勤王運動にも限界があった。同志であった武市瑞山の唱える一藩勤王論は不可能に近く、重圧すら感じるようになった。長州の久坂玄瑞に、新しい国家建設のためなら、長州も土佐もない。日本を優先すべきである、と諭され、土佐を脱藩する決意をした。日本の龍馬が誕生した瞬間だった。

まず既成概念を捨て、幕臣勝海舟の門下生となり、海軍の稽古に取り組んだ。勝を「天下無二の軍学者」「日本一の先生」と呼び、額に汗をかき真剣に修練した。短期間であったが神戸の勝塾で学んだ知識はその後、龍馬の生き方の指針となった。

龍馬は一部の幕府役人が外国人と内通している現状を憂い、「日本を今一度せんたくいたし」と悲憤し、国益を損しても保身を図ろうとする幕府の旧態を痛烈に非難した。正論をもって大局的にみる龍馬にとって、幕府の政治は許しがたい行為だった。

だが、勝塾の同志望月亀弥太が京都の池田屋で浪士らと密会中に新選組に斬られたため、勝はその責任をとらされ海軍奉行を罷免される。「日本一の先生」のもとを離れることとなった龍馬らは、長崎に拠点を置き、商業活動と政治活動を融合した亀山社中を組織した。海軍の志をもつ者を集め、それぞれの得意の分野で活躍し、社会に貢献できる人材の育成に心血を注いだ。

龍馬の同志で彼を批判する者は誰もいなかった。それは人望があったからにほかならない。慶応三年（一八六七）四月、龍馬は亀山社中を改編、土佐海援隊長に就任し「国を開くの道は、戦するものは戦ひ、修行するものは修行し、商法は商法で」という規約からも読み取れるように、夢と志をもって自らの道を切り拓くことが、新しい世をつくることにつながる、と同志らに説いた。

龍馬は書状の中で、不満を情熱に変え、孤独と覚悟の言葉を吐露する。そして自らの志を貫徹するためひたすら東奔西走した。新しい視点で物事をとらえ、前向きに同志らと苦難を乗り越えた。閉塞した世の中である今こそ、何を残したかではなく、激動の幕末をどう生きたかを、その言葉から汲み取って頂きたい。

なお、本書は近年の念入りな研究成果のもとに成り立っていることは言うまでもない。原史料が散逸している事情から関係書を参照させて頂いたが、研究者諸賢の研究に感謝申し上げたい。

筆をおくにあたり、刊行にご尽力を賜ったPHP研究所文芸出版部の佐々木賢治氏はじめ関係諸機関、霊山歴史館の館員に深甚なる謝意を表したい。

平成二十一年四月

木村幸比古

装丁――斉藤よしのぶ
写真提供―霊山歴史館
高知市
国立国会図書館
京都国立博物館
PANA通信社

〈著者略歴〉
木村幸比古（きむら・さちひこ）
1948年、京都市生まれ。國學院大學文学部卒（近世思想史）。現在、霊山歴史館学芸課長、岩倉具視対岳文庫長。幕末維新史に関する評論を多数執筆。1991年、維新史の研究と博物館活動で文部大臣表彰、2001年、生涯学習推進で京都市教育功労者表彰を受ける。
著書に、『京都・幕末維新をゆく』『坂本龍馬、京をゆく』『新選組、京をゆく』『龍馬の時代』『幕末維新 珠玉の一言』（以上、淡交社）、『史伝土方歳三』（学習研究社）、『新選組全史』（講談社選書メチエ）、『知識ゼロからの幕末維新入門』（幻冬舎）、『新選組と沖田総司』『新選組日記』『吉田松陰の実学』『龍馬暗殺の謎』（以上、ＰＨＰ新書）など多数ある。

龍馬語録

自由闊達に生きる

2009年5月7日　第1版第1刷発行

著　者　木村幸比古
発行者　江口克彦
発行所　ＰＨＰ研究所
東京本部　〒102-8331　東京都千代田区三番町3-10
文芸出版部　☎03-3239-6256（編集）
普及一部　☎03-3239-6233（販売）
京都本部　〒601-8411　京都市南区西九条北ノ内町11
PHP INTERFACE　http://www.php.co.jp/

組　版　有限会社エヴリ・シンク
印刷所　株式会社精興社
製本所　株式会社大進堂

ISBN978-4-569-69629-4

PHPの本

龍馬暗殺の謎

諸説を徹底検証

木村幸比古 著

見廻組、新選組、薩摩藩……暗殺事件の犯人・黒幕とは？ 新史料をもとに、急迫する時局の利害関係を読み解き、事件の真相に迫る。

〈新書判〉 定価七七七円（本体七四〇円）税五％